Collection dirigée par Fabien Fichaux

Tout savoir sur l'Europe

Glossaire de l'Union européenne

Olivier Favry

Docteur de l'École des Hautes Études en Sciences Sociales (EHESS)

Du même auteur

L'Ami public américain. Les nouvelles relations industrie automobile-État aux États-Unis de 1979 a 1991, L'Harmattan, Paris, 2002, 417 p.

À Emmanuelle et à nos enfants Rébecca et Amaury

ISBN 2-7298-2252-6

32, rue Bargue 75740 Paris cedex 15

www.editions-ellipses.fr

Que l'Europe soit la bienvenue ! Qu'elle entre ici chez elle !
ô France, Adieu ! Tu es trop grande pour n'être qu'une patrie.

Victor Hugo

La construction européenne est comme une bicyclette :
si elle n'avance pas, elle tombe.

Lieu commun moderne attribué à Albert Einstein,
Walter Hallstein, Jean MONNET et Jacques Delors.

Unie dans la diversité.

Devise de l'Union,
article I-8 de la Constitution européenne.

Ce que tu peux, c'est bien. Ce que tu veux, c'est mieux.
Ce que tu dois, c'est prendre les moyens de ce que tu veux.

Samuel Corvair

Remerciements

Gabriel Bernier, rédacteur au Quai d'Orsay, sans qui ce livre n'aurait jamais vu le jour.

L'équipe d'Europe Direct (Task Force Avenir de l'Union et questions institutionnelles, Commission européenne, Secrétariat général).

Philippe Setton, Sous-Directeur des Affaires générales et de l'avenir de l'Union, Direction de la Coopération européenne, ministère des Affaires étrangères.

Pourquoi tout savoir sur l'Europe ?

Ce livre est né d'un constat-frustration : l'Union européenne (UE) manque de clarté pour ses citoyens. Au sein de chaque État membre, la division entre pouvoirs exécutif et législatif, duo phare de la démocratie représentative, est nette et précise. Rien de tel avec l'UE. Le triangle Commission européenne, Conseil des ministres (ou Conseil de l'Union européenne), Parlement européen (PE), dont la politique est guidée par les orientations du Conseil européen, est si complexe, du fait que l'Europe s'agrandit en s'efforçant d'approfondir l'intégration économique puis politique, que les relations qui lient tous ces acteurs sont devenues très compliquées. Jusqu'à la Constitution européenne, l'UE n'a eu d'autre choix que de se construire à coups de traités, tel un millefeuille aux strates multiples qui rend sceptique, sinon confus, le citoyen européen. La nouvelle numérotation des articles du Traité sur l'Union européenne (TUE) et du Traité instituant la Communauté européenne (TCE), qui s'applique depuis le 1er mai 1999, date d'entrée en vigueur du traité d'Amsterdam (portant révision du TUE), contribue à cette confusion. La Constitution européenne a été élaborée pour clarifier, aux yeux du citoyen, le rôle des institutions européennes, et permettre à l'Union de mieux fonctionner au lendemain de l'élargissement de mai 2004.

Aux élections du 13 juin 2004, qui avaient pour objet d'élire les 732 députés de l'Europe à 25, le taux de participation représentait 44,6 % (seulement 28,7 % pour les dix nouveaux pays adhérents) contre 49,8 % en 1999, soit des taux d'abstention respectifs de 55,4 % (57 % en France) en 2004 et 50,2 % en 1999.

Pourtant, les pouvoirs du PE d'aujourd'hui n'ont rien à voir avec ceux de son ancêtre, la Haute Assemblée de la Communauté européenne du charbon et de l'acier (CECA), laquelle était paradoxalement constituée de représentants des parlements nationaux. Grâce aux traités, le PE acquiert une légitimité qui, espérons-le, deviendra en tout point égale à celle des parlements nationaux.

La situation actuelle de l'UE est délicate. L'aventure de l'euro démontre que l'introduction d'une monnaie unique facilite non seulement les échanges (en évitant des crises financières voire économiques de grande ampleur), mais aussi la vie quotidienne. Étape réussie qui se déclinera aux nouveaux États membres en temps voulu. Quel peut être le prochain jalon ? L'Europe politique. Fédéraliste pour ceux que le mot n'effraie pas. La véritable construction de l'Europe, celle que réclame la société souvent en avance sur les politiques, ne fait que commencer. L'intégration politique risque d'être longue car elle met en péril les pouvoirs régaliens de chaque État membre pour leur proposer, en contrepartie, une alternative ambitieuse, inédite même dans l'histoire de l'Europe, qui correspond davantage à la réalité d'aujourd'hui, mondialisation oblige.

Puisse ce glossaire dynamique proposant au lecteur de ricocher sur d'autres définitions, apporter des explications simples face à la complexité du fonctionnement de nos institutions.

Plus de la moitié de la législation française est d'origine européenne et cette proportion ne cesse de croître. Les Français sont encore peu habitués à l'idée que les lois auxquelles ils sont soumis dépendent de plus en plus des directives, règlements et décisions de l'UE. Tel est leur destin qu'ils se sont choisis depuis les pères fondateurs.

Glossaire de l'Union européenne

A

Abstention constructive

Utilisée dans le cadre de la Politique étrangère et de sécurité commune (PESC)*, elle permet à un État membre de ne pas appliquer une décision, mais en revanche il doit accepter que celle-ci engage l'Union européenne (UE)*. Dans ce cas, l'État membre doit éviter tout comportement susceptible d'entrer en conflit avec l'action de l'UE se fondant sur cette décision.

➡ **Source.** http://european-convention.eu.int

Accès des particuliers à la justice communautaire

Cet accès est difficile car le recours en annulation* est réservé aux personnes concernées directement et individuellement par un texte ou une décision* communautaire. Toutefois la Convention sur l'avenir de l'Europe* a modifié le 4e alinéa de l'article 230 CE (devenu art. III-365 de la Constitution européenne*) dans le sens suivant : « Toute personne physique ou morale peut former [...] un recours contre les actes dont elle est le destinataire ou qui la concernent directement et individuellement, ainsi que contre les actes réglementaires qui la concernent directement et qui ne comportent pas de mesures d'exécution. » Enfin l'article II-107 de la Charte des droits fondamentaux* dispose que « toute personne dont les droits et libertés garantis par le droit de l'Union ont été violés, a droit à un recours effectif devant [...] un tribunal indépendant et impartial. »

➡ **Articles clés.** 230 CE, II-101 (droit à une bonne administration), II-102 (droit d'accès aux documents), II-103 (médiateur* européen), II-107, III-365 à 379 de la Constitution européenne.

Accords de Schengen

Voir Convention de Schengen.*

Acquis communautaire

En évolution constante, il correspond au socle commun de droits et d'obligations qui lie l'ensemble des États membres au titre de l'Union européenne (UE)*. Outre le droit communautaire* proprement dit, l'acquis communautaire est constitué de tous les actes adoptés par l'UE et comprend tous les objectifs communs fixés par les traités*. Comme l'indique Philippe Moreau Defarges*, « l'édifice juridique de l'UE a atteint une extrême complexité : de très nombreux traités, des règlements*, des directives*, des décisions* se sont accumulés [...]. Les articles [I-33 à I-39] du Projet constitutionnel tentent de procéder à une re-définition et à une clarification des normes. » La loi européenne* est supposée contribuer à la simplification des instruments de l'UE.

➡ **Articles clés.** Titre I de la Constitution européenne*.

Acte unique européen [Single European Act]*

Résultant de la relance de la construction européenne à l'issue du Conseil européen de Fontainebleau* (juin 1984), l'Acte unique européen (AUE) est un traité signé le 17 et 28 février 1986 par les membres de la Communauté économique européenne (CEE)* et entré en vigueur le 1er juillet 1987. Il renforce l'intégration et la coopération communautaire et prévoit l'**ouverture d'un marché unique** (achèvement du marché intérieur* avec les « quatre libertés » : marchandises, personnes, services et capitaux) au 1er janvier 1993. Il étend le recours à la majorité qualifiée* au sein du Conseil des ministres* et associe plus largement le Parlement européen (PE)* à la prise de décision (procédure de coopération entre le PE et le Conseil + pouvoir de codécision* du PE dans certaines hypothèses) et abroge de facto le compromis de Luxembourg*. Il fait du Conseil européen* une véritable institution de l'UE. En ce qui concerne l'extension du champ d'action communautaire, l'AUE élargit les compétences de la Communauté dans les domaines suivants : recherche, environnement, développement technologique, politique régionale et sociale. Enfin il prévoit l'instauration du Tribunal de première instance (TPI)*.

Action commune

Acte juridique utilisé en Politique étrangère et de sécurité commune (PESC)*, elle définit une action opérationnelle de l'Union européenne (UE)* lorsque celle-ci la juge nécessaire. Des objectifs sont alors fixés et des moyens sont mis à disposition de l'UE, sur une durée déterminée (art. 14 TUE). Exemple : participation à l'application de l'accord de paix en Bosnie-Herzégovine (1999), pour rétablir et former des forces de police. Fonctionnement : sur la base des principes, orientations générales et stratégies communes* définis par le Conseil européen*, le Conseil des ministres* (organe décisionnel de la PESC) peut arrêter des actions et des positions communes (art. 13 TUE). Vote : en principe à l'unanimité*, mais depuis le traité* d'Amsterdam*, introduction de l'abstention constructive*. Dans certains cas, le Conseil peut statuer à la majorité qualifiée*.

➡ **Articles clés.** 13 et 14 TUE, III-294 à 308 de la Constitution européenne*.

Action en manquement (ou recours en manquement)

Mise en œuvre uniquement par une institution (la Commission européenne*) ou par un État membre (cas exceptionnel), cette action fait suite à la violation par un État membre d'une obligation qui lui incombe. En général, elle tire son origine des plaintes de particuliers, alors qu'aucune disposition des traités* ne l'a prévu. Procédure complexe, l'action en manquement comporte une pluralité de phases. Déclenchée par la Commission, elle comporte l'instruction préalable, la mise en demeure, l'avis motivé. Mise en œuvre par un État, celui-ci saisit la Commission pour mettre en cause un autre État. Dans les deux cas, la saisine de la Cour de justice des communautés européennes (CJCE)* est la phase finale et éventuelle de la procédure. Elle suppose que l'État ait persisté dans le manquement qui lui est reproché. Selon l'article 226, seule la Commission peut saisir la Cour. Selon l'article 227, dès que la Commission a émis son avis motivé, l'État plaignant est en mesure de saisir la Cour (si la Commission n'émet pas son avis, l'État finit par saisir la Cour lui-même). L'arrêt en manquement ne peut que « constater ». D'où, depuis le traité de Maastricht de 1992*, un mécanisme de sanctions inspiré par celui prévu par le traité CECA (Communauté européenne du charbon et de l'acier)*. Selon Harald Renout*, « la grande majorité des procédures en manquement porte sur l'inexécution des directives* dans les délais. »

➡ **Articles clés.** 226 à 228 CE, III-365 à 379 de la Constitution européenne*.

Adhésion à l'Union européenne

L'adhésion à l'Union européenne (UE)* est soumise à deux types de conditions : juridiques (qualité d'État, qualité d'État européen, respect des principes fondamentaux énoncés dans le traité d'Amsterdam* – art. 6 et 49 du TUE) et politiques (volonté des États membres et respect de l'acquis communautaire* depuis le Conseil européen de Copenhague* de 1993). Enfin il existe un troisième critère, absent dans l'article 49 : le pays candidat doit avoir une économie de marché suffisamment développée pour lui permettre d'intégrer le marché unique.

Articles clés. 49 TUE, I-2 (les valeurs de l'Union), I-58 de la Constitution européenne* : « Le Conseil statue à l'unanimité* après avoir consulté la Commission et après approbation du Parlement européen, qui se prononce à la majorité des membres qui le composent. »

Agences communautaires

Organismes autonomes de droit public européen, distincts des institutions communautaires et possédant une personnalité juridique propre. Près d'une douzaine actuellement, elles remplissent une tâche de nature technique, scientifique ou de gestion bien spécifique et précisée dans leur acte constitutif. Les vocables employés (centre, fondation, agence, office, observatoire) pour les désigner sont parfois source de confusion. Les premières agences sont nées dans les années 1970 (Centre européen pour le développement de la formation professionnelle*, Fondation européenne pour l'amélioration des conditions de vie et de travail), mais la majorité se sont surtout développées dans les années 1990. En général, ces agences dépendent d'une subvention communautaire inscrite au budget de l'Union européenne (UE)*. Trois d'entre elles sont néanmoins partiellement ou entièrement autofinancées : l'Agence européenne pour l'évaluation des médicaments*, l'Office d'harmonisation du marché intérieur et l'Office communautaire des variétés végétales.

Agence européenne pour l'environnement (AEE) [*European Environment Agency*]

Créée en 1994, cette agence vise à soutenir un développement durable et à obtenir une amélioration de l'environnement* en fournissant des informations ciblées, pertinentes et fiables aux grands décideurs publics et privés. Elle collecte les informations sur la qualité de l'air, l'état des sols, la biodiversité, les littoraux, la gestion des déchets ou les niveaux sonores.

Siège. Copenhague, Danemark.
Internet. http://www.eea.eu.int

Agence européenne pour l'évaluation du médicament [*European Agency for the Evaluation of Medicinal Products devenue European Medicines Agency – EMEA*]

Décidée par la Commission européenne* en 1993 et créée en 1995, cette agence élabore une évaluation des médicaments à usages humain et vétérinaire. Elle délivre des autorisations pour la mise sur le marché de nouveaux médicaments. Sa principale mission est de fournir aux États membres et aux institutions de l'Union européenne (UE)* des avis scientifiques sur la qualité, la sécurité et l'efficacité des médicaments, en se fondant sur la législation communautaire applicable en la matière. Son travail est soutenu par un réseau d'environ 3 000 experts.

Siège. Londres, Royaume-Uni.
Internet. http://emea.eu.int

Agence européenne pour la sécurité et la santé au travail [*European Agency for Safety and Health at Work*]

Créée en 1996, elle étudie l'évolution de la santé et vise à améliorer la sécurité, la santé et la productivité sur les lieux de travail européens. Catalyseur pour le développement, la collecte et la diffusion d'informations, elle est une organisation tripartite de l'Union européenne (UE)* qui réunit les représentants des principaux groupes décisionnels de chaque État membre : gouvernements, organisations d'employeurs et organisations de travailleurs.

Voir Partenaires sociaux.*

Siège. Bilbao, Espagne.
Internet. http://www.agency.osha.eu.int

Agence spatiale européenne [*European Space Agency – ESA*]

Le secteur spatial est né de la guerre froide et de la recherche*. Son rôle est donc capital pour la défense*, mais aussi pour les applications civiles (à commencer par les télécommunications qui représentent aujourd'hui le débouché et le marché le plus important).
Créée en 1975, l'ESA a remplacé deux organisations datant du début des années 1960, l'Organisation européenne pour la mise au point et la construction des lanceurs (ELDO) et l'Organisation européenne de recherche spatiale (ESRO). Elle est en charge de la coordination des projets spatiaux de 17 pays européens. Elle gère notamment le programme Ariane qui a donné son indépendance spatiale à l'Europe*. Cette fusée, qui en est à sa cinquième version, est lancée depuis la base de Kourou, en Guyane française. La France est de loin la première puissance spatiale en Europe* (plus de la moitié du chiffre d'affaires et des effectifs, premier contributeur du budget de l'ESA avec 29,71 % en 2004, soit 676 millions d'euros).

Liste des pays participant à l'ESA
Allemagne, Autriche, Belgique, Canada (statut particulier), Danemark, Espagne, Finlande, France (Centre national des études spatiales - CNES), Grèce (à partir du 01/12/2005), Italie, Luxembourg (à partir du 01/12/2005), Norvège, Pays-Bas, Portugal, Royaume-Uni, Suède, Suisse. Les pays participant à l'ESA ne font pas nécessairement partie de l'Union européenne (UE)* et inversement : ainsi la Norvège, la Suisse et le Canada (membre associé) sont membres de l'ESA alors que les pays ayant adhéré en 2004 à l'UE n'en sont pas encore membres.

Siège. Paris, France.
Internet. http://esa.int

Agenda 2000 (paquet « Santer »)

Adopté au Conseil européen de Berlin (mars 1999), c'est un texte qui fixe les perspectives financières* pour la période 2000-2006. Parce que ces dernières touchent à la fois au système de financement de l'Union européenne (UE)* et au contenu de chacune des politiques communes*, leur processus d'élaboration et de négociation est très long. L'Agenda 2000 est caractérisé par :

- un plafond de ressources mobilisables ne dépassant pas 1,24 % du revenu national brut communautaire ;
- une maîtrise des dépenses, le budget* de l'UE se situant autour de 100 milliards d'euros par an ;
- une stabilisation budgétaire de la dotation allouée à la Politique agricole commune (PAC)*, les dépenses consacrées à la politique structurelle étant en revanche en nette progression.

Agriculture

Voir Politique agricole commune.*

Aides

En général, elles sont de trois types :
1/ aides au développement (*voir Politique européenne de développement*, Politique régionale* de l'Union européenne (UE)**),
2/ aides d'État (*voir Concurrence*, Politique de concurrence**),
3/ aides de pré-adhésion (*voir Tacis, Phare, Sapart, Ispa**).

Association européenne de libre-échange (AELE) [*European Free Trade Association – EFTA*]

Fondée en 1960 (convention de Stockholm du 04/01/1960) à l'initiative du Royaume-Uni en réaction à la création de la Communauté économique européenne (CEE)*, l'AELE regroupe alors 7 pays (Autriche, Danemark, Norvège,

Portugal, Royaume-Uni, Suède et Suisse) formant une union disparate. L'AELE favorise les échanges commerciaux (zone de libre-échange sans tarif extérieur commun aux frontières externes, à la différence de l'Union douanière mise en place par la CEE le 01/01/1959) entre ses membres. L'Autriche, le Danemark, la Finlande, la Suède et le Royaume-Uni l'ont quittée lors de leur adhésion communautaire. Aujourd'hui l'Islande, le Liechtenstein, la Norvège et la Suisse restent membres de l'AELE.

➠ **Siège.** Genève, Suisse.
Internet. http://www.efta.int

Avis

Un avis est émis par les institutions communautaires, à commencer par le Parlement européen (PE)*, lorsque celles-ci veulent exprimer leur opinion à propos de certains faits intéressant l'Union européenne (UE)*. Comme la recommandation*, c'est un acte facultatif.

➠ **Articles clés.** 249 CE, I-33 de la Constitution européenne*.

Avis conforme

Procédure introduite par l'Acte unique européen* et étendue par le traité de Maastricht*, elle concerne le Parlement européen (PE)*. À la différence de l'avis* formulé par le PE qui ne lie pas le Conseil des ministres*, l'avis conforme du PE lie le Conseil. Il ne s'agit donc pas seulement d'une consultation du PE, mais d'un véritable droit de veto. Comme l'explique Harald Renout*, en cas d'avis négatif, le Conseil ne pourra pas adopter d'acte communautaire. Dans la Constitution européenne*, l'avis conforme est appelé « approbation ».

Baccalauréat européen [*European Baccalaureate*]

Diplôme délivré au nom du Conseil supérieur des Écoles européennes, à la fin de la 7e année de l'enseignement secondaire de l'École européenne (établissements d'enseignement officiels contrôlés conjointement par les gouvernements des États membres). Les titulaires d'un bac obtenu à l'École européenne jouissent dans leur pays respectif de tous les avantages attachés à la possession du diplôme ou certificat délivré à la fin des études secondaires de ce pays. Les titulaires d'un bac européen ne doivent donc pas introduire de demande d'équivalence. En revanche, un bac émis par un établissement d'enseignement d'un pays de l'Union européenne (UE)* (bac français par exemple) n'est pas un bac européen au sens défini ci-dessus. Les titulaires de ces bacs doivent donc obtenir l'équivalence de leur diplôme d'études secondaires supérieures.

Banque centrale européenne (BCE) [*European Central Bank – ECB*]

Inaugurée en juin 1998, à Francfort, la BCE est chargée de définir la politique de la monnaie unique et de mettre en place l'euro*. Elle détient et gère les réserves officielles de change des pays de la zone euro* et émet les billets de banque. La BCE joue un rôle de surveillance bancaire. Sa principale tâche est de maintenir la stabilité des prix dans la zone euro et d'apporter son soutien à la réalisation des objectifs économiques et sociaux communautaires.

Pour définir et mettre en œuvre la politique monétaire de l'Union, la BCE est organisée en trois niveaux :

1/ le **directoire** (organe d'administration de la banque) est formé de 6 directeurs nommés par les gouvernements des

12 États de la zone euro. Ces directeurs (président de la BCE, vice-président et quatre autres membres) sont désignés pour un mandat de huit ans non renouvelable ;

2/ le **Conseil des gouverneurs** (organe de direction votant à la majorité simple) est composé des 6 membres du directoire ainsi que des gouverneurs des 12 banques centrales du Système européen de banques centrales (SEBC)* ;

3/ le **Conseil général de la BCE** regroupe le président de la BCE et les 25 gouverneurs des banques centrales de l'UE. Il a pour rôle principal de préparer les États en dérogation en vue de leur participation à la 3e phase de l'Union économique et monétaire (UEM)*.

Dotée d'un capital (5 milliards d'euros en 2004) et de ressources propres, la BCE détient un pouvoir de réglementation, de décision et de sanction en cas de violation par les opérateurs économiques des obligations auxquelles ils sont soumis (règlement n° 2532/98 du Conseil du 23/11/1998 concernant les pouvoirs de la BCE en matière de sanctions). Elle a la personnalité juridique, elle est exonérée d'impôts dans l'État du siège, elle est indépendante. **La Constitution européenne* prévoit** de promouvoir la BCE au rang d'institution et d'établir un lien explicite entre la coordination des politiques économiques* (sous la direction des États membres) et la coordination des politiques de l'emploi*.

➡ **Articles clés.** I-30, III-181, III-185 à 191, III-196, III-382 et 383, III-431 de la Constitution européenne.
Siège. Francfort sur le Main, Allemagne.
Internet. http://www.ecb.int

Banque européenne d'investissement (BEI) [*European Investment Bank – EIB*]

Créée en 1957 par le traité* de Rome*, la BEI est un organe financier et politique qui finance les projets de développement régional. Elle contribue à la réalisation des objectifs de l'Union européenne (UE)* par le financement de projets d'investissements publics ou privés qui visent à promouvoir

l'intégration européenne, un développement équilibré, une cohésion économique et sociale, ainsi qu'une économie fondée sur la connaissance et l'innovation (par exemple les réseaux transeuropéens des transports* et des télécommunications). Ses actionnaires sont les États membres, dont les ministres des Finances constituent son Conseil des gouverneurs. Dotée de la personnalité juridique (art. III-393 de la Constitution européenne*), elle accorde des prêts à long terme (et à faible taux d'intérêt) visant à un « développement équilibré » — économique et social — de l'UE. Elle soutient également le développement des Pays d'Europe centrale et orientale (PECO)* afin de faciliter leur intégration au sein de l'UE. Les pays méditerranéens et les pays signataires de la Convention de Lomé (pays ACP : États d'Afrique, des Caraïbes et du Pacifique) bénéficient aussi des services de la BEI.
Selon l'article 267 du traité de Maastricht*, la BEI « facilite le financement de programmes d'investissement en liaison avec les interventions des Fonds structurels* et des autres instruments financiers de la Communauté ». En vérité, le traité sur l'UE a étendu le champ géographique des interventions de la BEI. La politique de l'emploi* prévue par le traité d'Amsterdam* ainsi que le capital-risque des Petites et moyennes entreprises (PME)* européennes innovantes sont financés par la BEI.

Organes de la BEI

1/ Conseil des 25 gouverneurs réunissant un ministre par État membre et prenant les directives générales relatives à la politique de crédit de la Banque.

2/ Conseil d'administration composé de 26 membres (dont un désigné par la Commission européenne*) et de 16 suppléants.

3/ Comité de direction (1 président + 8 vice-présidents désignés pour 6 ans par le Conseil des gouverneurs sur proposition du Conseil d'administration).

4/ Comité de vérification composé de 3 membres et de 3 observateurs nommés pour trois ans par le Conseil des gouverneurs.

Voir Fonds européen d'investissement.*

Articles clés. 266 et 267 TUE, III-221, III-317, III-393 et 394 de la Constitution européenne.
Siège. Luxembourg.
Internet. http://www.bei.org

Banque européenne pour la reconstruction et le développement (BERD) [*European Bank for Reconstruction and Development – EBRD*]

Créée en 1990 et entrée en fonction début 1991, la BERD a pour mission de favoriser la transition vers une économie de marché dans les Pays d'Europe centrale et orientale (PECO)* et de la Communauté des États indépendants (CEI)* qui s'engagent d'une part à mettre en pratique les principes de la démocratie, du pluralisme et l'économie de marché, d'autre part d'y promouvoir l'initiative privée et l'esprit d'entreprise. Elle aide ainsi les pays où elle intervient à mettre en œuvre des réformes économiques structurelles et sectorielles tout en encourageant la concurrence* et en favorisant la promotion du secteur privé. Elle encourage le cofinancement et les investissements étrangers directs provenant des secteurs public et privé, aide à mobiliser des capitaux locaux et fournit une coopération technique dans les domaines qui relèvent de son mandat. À ce titre, elle travaille en étroite collaboration avec les institutions financières internationales ainsi qu'avec d'autres organisations internationales ou nationales. Dans toutes ses activités, la BERD s'attache à promouvoir un développement sain et durable de l'environnement*.

Siège. Londres, Royaume-Uni.
Internet. http://www.ebrd.com

Ne pas confondre avec la Banque internationale pour la reconstruction et le développement (BIRD) créée en 1944 pour stimuler le redémarrage des économies dévastées par la Seconde Guerre mondiale.

Benelux

Union douanière formée en 1944 par la BElgique, les Pays-Bas (NEderland) et le LUXembourg. L'accord de 1956 a institué une union économique, anticipant l'intégration européenne. Celle-ci détermine largement la forme et le contenu de la coopération Benelux actuelle. Ainsi, en juin 2004, les trois pays du Benelux ont signé un traité* (dans la continuité de la Convention de Schengen*) en matière d'intervention policière transfrontalière.

➡ **Article clé.** IV-441 (Unions régionales) de la Constitution européenne*.

Budget de l'Union européenne

Le budget de l'Union européenne (UE)* se caractérise par un système de ressources propres* datant de 1970, lié à l'établissement de l'Union douanière et sans attribution nationale possible. En 1994, il a été décidé d'équilibrer les ressources de l'Union au moyen d'un prélèvement proportionnel à la richesse des États membres (PNB).

L'UE ne prélève aucun impôt européen*. Ses recettes sont plafonnées à 1,27 % de son PNB. Le budget communautaire (2003 = 99,7 milliards d'euros de crédits d'engagement, soit 1,02 % du revenu national brut communautaire) est financé sur les ressources propres qui ont considérablement évolué ces dernières années (réduction de la ressource TVA et des ressources liées aux droits de douane, part importante de la ressource PNB). Malgré des besoins de cohésion très amplifiés, l'élargissement* de l'UE et son préfinancement se déroulent à ressources inchangées. La réforme du système des ressources propres, y compris la création d'une nouvelle ressource communautaire, est repoussée au-delà de 2006.

Le budget de l'UE pèse environ 1 % du PIB des 15 premiers États membres (40 % du budget de la France, soit 100 milliards d'euros) ; il est à 50 % consacré aux seules dépenses* agricoles. Tel est le paradoxe d'un budget destiné à environ 500 millions d'Européens. Généralement, les grands pays de l'UE ne souhaitent pas que ce budget dépasse 1 % du PIB ; la réduction des dépenses publiques plaide en leur faveur. En revanche, d'autre pays plaident pour un effort supplémentaire qui le porterait à 1,25 %.

Caractéristiques

C'est un budget de mission, dans le respect du principe de subsidiarité* : l'UE n'intervient que lorsque son action est plus efficace que celles des actions nationales. Depuis la fin des années 1980, c'est un budget de solidarité puisqu'il est dédié pour un tiers à des dépenses de cohésion et de rattrapage structurel des régions les moins favorisées (*voir Fonds de cohésion*, Fonds structurels**).

Au niveau des institutions, le budget est soumis au double contrôle du Parlement européen (PE)* et du Conseil des ministres*. Il est voté par le PE qui peut le rejeter à la majorité de ses membres et à la majorité des deux tiers des suffrages exprimés. Arrêté par le président du PE, le budget est exécuté par la Commission européenne*. Fin 2004, l'UE était en train d'adopter son budget pour la période 2007-2013.

→ **Articles clés.** I-53 à 56, III-313, III-403 à 414 de la Constitution européenne*.

Bureau européen des unions de consommateurs (BEUC) [*The European Consumers' Organisation*]

Fédération regroupant 36 organisations nationales et indépendantes de consommateurs en Europe*. Le BEUC est un groupe de pression intervenant sur tous les sujets intéressant les consommateurs : Organismes génétiques modifiés (OGM), produits chimiques, frais bancaires, droits des passagers aériens, etc. Ses activités sont financées principalement par les contributions des organisations membres mais bénéficient également d'un soutien financier de la Commission européenne*.

➡ **Siège.** Bruxelles, Belgique.
Internet. www.beuc.org

Cadre institutionnel

Il comprend le Parlement européen (PE)*, le Conseil européen*, le Conseil des ministres* (dénommé « Conseil »), la Commission européenne* (dénommée « Commission »), la Cour de justice européenne (ex Cour de justice des Communautés européennes - CJCE*).

➡ **Article clé.** I-19 de la Constitution européenne*.

Capitales institutionnelles de l'Union européenne

Bruxelles (siège de la Commission européenne*, du Conseil des ministres* et du Conseil européen*, du Comité des régions* et du Comité économique et social*), Luxembourg (siège de la Cour des comptes européenne* et de la Cour de justice des Communautés européennes - CJCE*, ainsi que du Conseil qui y tient ses sessions d'avril, de juin et d'octobre), Strasbourg (siège du Parlement européen* pour les sessions plénières et de la Cour européenne des droits de l'homme*), Francfort (siège de la Banque centrale européenne - BCE*).

➡ **Article clé.** III-432 (« Le siège des institutions de l'Union est fixé d'un commun accord par les gouvernements des États membres. ») de la Constitution européenne*.

Carte européenne d'assurance maladie (CEAM) [*European Health Insurance Card*]

Mise en circulation depuis le 1er juin 2004, la CEAM permet, lors d'un séjour temporaire dans un État membre de l'Union européenne (UE)*, de bénéficier de la prise en charge des soins médicalement nécessaires. Elle remplace le formulaire E 111* et d'autres formulaires (E 110, E 119, E 128) utilisés jusqu'à présent pour les séjours temporaires en Europe*.

→ **Internet.**
http://europa.eu.int/comm/employment_social/healthcard

Centre européen des entreprises à participation publique et des entreprises d'intérêt économique général (CEEP) [*European Centre of Enterprises with Public Participation and of Enterprises of General Economic Interest*]

Ses origines remontent à 1961. Aujourd'hui c'est une association (d'employeurs) internationale qui regroupe des entreprises* ou organisations à participation publique ou qui assurent des activités d'intérêt économique général, quel que soit leur régime juridique ou de propriété. À l'instar de l'Union des Confédérations de l'industrie et des employeurs d'Europe (UNICE)*, son objectif est de représenter les intérêts des entreprises face au développement de la construction européenne*. *Voir Partenaires sociaux*.*

→ **Siège.** Bruxelles, Belgique.
Internet. www.ceep.org

Centre européen pour le développement de la formation professionnelle (CEDEFOP) [*European Centre for the Development of Vocational Training*]

Agence communautaire* spécialisée de la Commission européenne*, le CEDEFOP a réalisé l'Europass*, *curriculum vitae* européen, document sur lequel figurent la description et la certification des compétences et qualifications acquises par son détenteur, que ce soit par le biais d'une formation, initiale ou continue, ou d'une expérience professionnelle.

➡ **Siège.** Thessalonique, Grèce (+ bureau de liaison à Bruxelles).
Internet. www.cedefop.eu.int

Charte des droits fondamentaux [*Charter of Fundamental Rights*]

L'initiative d'élaborer une Charte des droits fondamentaux de l'Union européenne (UE)* est venue de l'Allemagne. Elle constitue une initiative politique relayant un processus juridique. Lancée en 1999 (Conseil européen de Cologne* en juin puis de Tampere en octobre) et basée sur les traités* communautaires, les conventions internationales dont la Convention européenne des droits de l'homme (CEDH)* et la Charte sociale européenne*, les traditions constitutionnelles communes des États membres ainsi que les différentes déclarations du Parlement européen (PE)*, la Charte a été adoptée le 18 décembre 2000 au sommet de Nice (proclamation solennelle). Embryon de la future Constitution européenne*, ce texte (54 articles rassemblés en sept chapitres) est un compromis équilibré par ses six volets, valeurs fondamentales : dignité, libertés, égalité, solidarité, citoyenneté et justice. La Charte rassemble trois catégories de droits : les droits « classiques » issus de la CEDH*, des droits sociaux (exemples : droit à l'éducation, à la sécurité sociale, l'aide sociale...) et des droits « modernes » (parfois aussi désignés comme nouveaux. Exemples : droit de pétition, accès aux documents, bioéthique, bonne administration...). Rédigée par une instance de 62 membres (15 représentants des chefs d'État ou de gouvernement, 16 représentants du PE, 30 représentants des parlements nationaux et un représentant de la Commission européenne* ; présidence confiée à Roman Herzog, ancien président de la Cour constitutionnelle allemande puis président de la République fédérale d'Allemagne*), la Charte a été approuvée de manière consensuelle, par itération. Aujourd'hui elle est directement intégrée à la Constitution européenne, ce qui place les droits civils et sociaux au sommet de l'ordre juridique européen.

➡ **Articles clés.** Partie II (Préambule et II-61 à II-114) de la Constitution européenne.

Charte sociale européenne (CSE) [*European Social Charter*]

Sorte de « pendant social » à la Convention européenne des droits de l'homme (CEDH)*, la CSE a été élaborée au Conseil de l'Europe*, signée à Turin le 18 octobre 1961 et entrée en vigueur en 1965. Adoptée en 1989 par 11 États, révisée en 1996 pour étendre les droits sociaux garantis, elle est aujourd'hui signée par 22 États (sauf le Royaume-Uni), mais avec certaines réserves et clauses d'exception.

Elle expose 12 principes : (1) droit de travailler dans le pays de son choix, (2) liberté de choisir sa profession et droit à un salaire juste, (3) droit à l'amélioration des conditions de vie et de travail, (4) droit à la protection sociale selon les régimes sociaux nationaux, (5) droit à la liberté d'association et à la négociation d'accords collectifs, (6) droit à la formation professionnelle, (7) droit à l'égalité de traitement entre les hommes et les femmes, (8) droit des travailleurs à l'information, à la consultation et à la participation, (9) droit à la protection de la santé et de la sécurité dans le milieu du travail, (10) protection des enfants et des adolescents, (11) niveau de vie décent pour les personnes âgées,

(12) amélioration de l'intégration professionnelle et sociale des personnes handicapées. Ces droits portent sur la circulation des personnes, l'éducation, l'emploi, le logement, la non-discrimination, la protection sociale, la santé.
La CSE oblige les États du traité* à prendre des mesures légales et administratives dans le domaine de la vie active et de la sécurité sociale. Bien que la CSE ne possède pas la qualité d'un acte juridique obligatoire, elle représente une déclaration solennelle (des principes fondamentaux) des chefs d'État et de gouvernement des États membres. Elle sert à la Commission européenne* de base de légitimation pour les nombreuses directives. Depuis l'Acte unique européen*, les traités ont intégré des dispositions sans cesse complétées en faveur de la protection et du respect des droits fondamentaux. Les traités d'Amsterdam* puis de Nice* ont développé les mécanismes de protection et les droits sociaux, consacrés par la Constitution européenne*.

➡ **Articles clés.** Charte des droits fondamentaux*, (Partie II) de la Constitution européenne.

Cinéma européen

Voir Eurimages, Politique audiovisuelle européenne*, Observatoire européen de l'audiovisuel*.*

Citoyenneté européenne

Apparue en 1992 avec le traité* de Maastricht*, elle stipule que tout individu ayant la nationalité d'un État membre est considéré comme citoyen de l'Union européenne (UE)*. Particularité : l'instauration de ce concept ne remplace pas mais s'ajoute aux citoyennetés nationales. Quatre droits spécifiques :
1/ la liberté de circulation et de séjour sur tout le territoire de l'UE (art. 18 TUE) ;
2/ le droit de vote et d'éligibilité aux élections municipales et du PE dans l'État de résidence (art. 19 TUE) ;

3/ la protection diplomatique et consulaire des autorités de tout membre lorsque l'État dont l'individu est ressortissant n'est pas représenté dans un État tiers (art. 20 TUE) ;
4/ le droit de pétition et de recours au médiateur européen (art. 21 TUE).
La Charte des droits fondamentaux* est un élément important de cette citoyenneté.

➡ **Articles clés.** 17 à 22 TUE, I-10 (la citoyenneté de l'Union), II-99 à 106 (Charte des droits fondamentaux*), III-123 à 129 (non-discrimination et citoyenneté) de la Constitution européenne*.

Clause de suspension

Introduite par le traité d'Amsterdam*, elle prévoit qu'en cas de violation grave et persistante par un État membre de l'Union européenne (UE)* des principes sur lesquels est fondée l'Union (liberté, démocratie, respect des droits de l'homme et des libertés fondamentales, État de droit), certains des droits dont cet État bénéficie sur la base des traités (par exemple son droit de vote au Conseil des ministres*) peuvent être suspendus. En revanche, les obligations incombant à cet État membre demeureront contraignantes.

➡ **Articles clés.** 7 TUE, I-59 de la Constitution européenne*.
Source. http://european-convention.eu.int
Ne pas confondre avec la **clause de solidarité** (I-43 et III-329 de la Constitution européenne), qui lie les États membres en cas d'une attaque terroriste ou d'une catastrophe naturelle, ou encore la **clause de flexibilité** (I-18 de la Constitution européenne).

Codécision (procédure de)

Évolution

Introduite par le traité de Maastricht* pour 15 domaines de législation et devenue procédure de « droit commun » grâce au traité d'Amsterdam* qui a étendu largement son champ d'application (15 à 38 domaines + accélération de la procédure), la codécision permet au Parlement européen (PE)* de devenir un co-législateur (aux côtés du Conseil des ministres*) à part entière dans les domaines définis par les différents traités*. Celui de Nice* a poursuivi le mouvement en étendant le champ de la codécision à deux types de domaines : (1) ceux qui passent de la règle d'adoption à l'unanimité* à celle de la majorité qualifiée*, (2) ceux qui restent au vote à l'unanimité au sein du Conseil. Enfin **la Constitution européenne* prévoit** d'ériger la codécision au rang de « procédure législative ordinaire » (la procédure de coopération est supprimée et celle de l'avis conforme* devient dérogatoire à la procédure de droit commun) en faisant entrer dans le champ d'application 36 nouveaux domaines. Parmi ces nouveaux domaines soumis prochainement à la codécision : la Politique agricole commune (PAC)*, les fonds structurels* et les fonds de cohésion*, la Politique commerciale commune*, l'asile, l'immigration*, la coopération judiciaire pénale.

Déroulement de la procédure

L'article 251 CE prévoit un système de trois lectures, simplifié par le traité d'Amsterdam en ce qui concerne la dernière lecture assortie d'une conciliation. La première lecture est initiée sur présentation d'une proposition de la Commission européenne* au PE et au Conseil des ministres. Les autres étapes sont marquées par des amendements du PE suivis d'une prise de position du Conseil et d'une navette entre le PE (délai de 3 mois), la Commission (avis*) et le Conseil de nouveau (délai de 3 mois), enfin par un comité de conciliation (délai de 6 semaines) qui peut renvoyer le projet une dernière fois au PE et au Conseil. Au fil des années, le renforcement de la coordination au sein du triangle institutionnel a permis la conclusion rapide d'accords.

Articles clés. 251 CE, III-396 (procédure législative ordinaire) de la Constitution européenne.

Source. http://ue.eu.int

Comité (consultatif, de gestion, de réglementation)

Voir Comitologie.*

Comité des régions de l'Union européenne [*Committee of the Regions of the European Union*]

Institué par le traité* de Maastricht* (et installé le 09/03/1994), le Comité des régions de l'Union européenne (UE)* est un organe consultatif composé de 317 (depuis le 01/05/2004 : 222 + 95) membres nommés pour quatre ans par le Conseil des ministres*. Ses membres sont des représentants élus des collectivités locales et régionales : présidents de régions, maires de grandes villes ou présidents de collectivités territoriales. Fruit du principe de subsidiarité* affirmé par Maastricht, le Comité des régions a vu le jour à la demande des entités régionales les plus dynamiques de l'UE (exemple les länder allemands). Grâce à ses séances plénières et surtout ses 8 commissions spécialisées, les travaux du Comité des régions portent sur les politiques communes* et participent à la réflexion sur la réforme des institutions communautaires. Sa consultation par la Commission européenne*, le Conseil des ministres et le Parlement européen (PE)* est obligatoire (depuis Maastricht) pour toutes les questions relevant des politiques économiques* et sociales, de la santé*, de l'éducation*, de la culture* et des réseaux de transport* et de télécommunications transeuropéens.

Le traité d'Amsterdam* de 1997 a étendu les compétences du Comité des régions : d'une part il lui permet d'élaborer son règlement intérieur sans avoir à obtenir l'approbation du Conseil statuant à l'unanimité, d'autre part il élargit le champ d'application de la consultation obligatoire du Comité à de nouvelles questions (formation professionnelle, environnement*, politique des transports*, politique sociale*, politique de l'emploi*). **La Constitution européenne***

prévoit un nombre maximum de 350 membres du Comité des régions nommés pour cinq ans.

➡ **Articles clés.** 263 à 265 CE, I-32, III-386 à 388 de la Constitution européenne.

Siège. Bruxelles, Belgique.

Internet. http://www.cor.eu.int

Comité des représentants permanents (COREPER)

L'existence du Coreper n'a été prévue au départ que dans le règlement intérieur du Conseil des ministres*. Elle a été confirmée par le traité de fusion des exécutifs (1965) et par l'article 207 CE du traité de Maastricht de 1992*. Le Coreper prépare de plein droit tous les travaux du Conseil.

Les représentants permanents des États membres auprès de l'Union sont les chefs de la mission que chaque État membre entretient à Bruxelles et qui, à l'instar d'une ambassade, établit et maintient les liaisons utiles entre l'État et l'Union européenne (UE)*. La réunion de ces représentants forme le Coreper qui est, lui, un organe communautaire.

- Le **Coreper II** est composé des représentants titulaires (permanents ayant rang d'ambassadeurs) et traite des questions dites « politiques », c'est-à-dire des questions institutionnelles, économiques et financières, des relations extérieures, tous dossiers suivis par le Conseil affaires générales et relations extérieures, le Conseil ECOFIN ou le Conseil JAI.
- Le **Coreper I** est composé des représentants permanents adjoints (ayant rang de ministres plénipotentiaires) et traite du marché intérieur et des questions dites « techniques » ; ses dossiers sont traités généralement par les formations techniques du Conseil.

Chaque Coreper assure un rôle de filtre entre les propositions de la Commission instruites et éventuellement amendées par les groupes de travail du Conseil européen et les différentes formations du Conseil. L'intervention des comités spécialisés (Comité spécial agricole - CSA -, Comité économique et financier, Comité de coordination, Comité politique et de sécurité depuis le traité de Nice*) n'exclut pas celle du Coreper, considéré comme une véritable courroie de transmission.

➡ **Articles clés.** 207 CE, III-344 de la Constitution européenne*.

Comité économique et social (CES) [*European Economic and Social Committee – ESC*]

Organe de consultation préalable à l'adoption de directives* dans les domaines économique et social.

Institué par le traité* de Rome* de 1957 et composé de 317 (depuis le 01/05/2004 : 222 + 95) membres nommés pour quatre ans renouvelables par les gouvernements des États membres, le CES est l'expression des acteurs sociaux qui représentent les intérêts de la société civile européenne.

À l'instar du Comité des régions*, sa fonction est consultative. Ses conseillers se répartissent en trois groupes en fonction de leur rôle social. Le **groupe 1** est constitué d'employeurs, le **groupe 2** est formé par des travailleurs, le **groupe 3** est composé de personnes qui se sont distinguées dans l'exercice de leur profession et dans la société. À l'instar des membres du Comité des régions* de l'Union européenne (UE)*, les conseillers du CES sont affectés à six commissions spécialisées qui correspondent à des secteurs d'activité concernés par les politiques communes*. Consulté par la Commission européenne*, le Conseil des ministres* et — depuis le traité d'Amsterdam* — par le Parlement européen (PE)*, le CES émet des avis publiés dans le *Journal officiel* de l'Union européenne (JOUE)*. Les conseillers du CES identifient les problèmes posés au sein de l'espace communautaire, relèvent les dysfonctionnements des dispositions communautaires, proposent des solutions relayées par le JOUE. Enfin ils ont des relais hors de l'UE (exemple comités consultatifs expérimentaux conjoints en Turquie).

Depuis le traité de Maastricht*, le CES peut prendre lui-même l'initiative de se réunir. Par ailleurs, les domaines de consultation obligatoires ont été élargis par le traité d'Amsterdam : réseaux transeuropéens, industrie, fonds de cohésion*, dispositions fiscales, etc. **La Constitution européenne* prévoit** un nombre maximum de 350 membres du CES nommés pour cinq ans.

Articles clés. 257 à 262 CE, I-32, III-389 à 392 de la Constitution européenne.

Siège. Bruxelles, Belgique.

Internet. http://www.esc.eu.int

Comitologie

Processus d'adoption de mesures d'exécution des actes législatifs, prévoyant que ces mesures sont adoptées par la Commission européenne* assistée par un comité d'experts des États membres. Procédure introduite pour la première fois en 1962 (pour l'exécution d'une série de règlements du Conseil des ministres* concernant l'organisation du marché des produits agricoles), elle a continué d'être utilisée dans le domaine de la Politique agricole commune (PAC)* et de l'union douanière. Ensuite le nombre des comités* a fortement augmenté et la comitologie est devenue un enjeu de pouvoir entre les différentes institutions communautaires.

Avant l'Acte unique européen*, la Commission européenne adoptait des règlements propres, ceci pour favoriser l'application des politiques engagées par le Conseil. Ce dernier a cependant pris soin d'assortir cette délégation de pouvoir d'un contrôle strict confié à des comités particuliers composés de représentants des administrations nationales.

Au cours des années 1960 les comités* dits de gestion puis de réglementation ont vu le jour, respectivement pour la mise en œuvre de la PAC. Peu à peu ils se sont étendus à tous les domaines de l'activité communautaire, au point de devenir une contrainte institutionnelle pour l'exécutif (d'où une contestation de la Commission). Après 1986, on est passé de la possibilité à l'obligation pour le Conseil de déléguer — sauf cas spécifiques – des compétences d'exécution à la Commission. Quant au Parlement européen (PE)*, l'entrée en vigueur du traité de Maastricht* l'a amené à exiger une réforme de la comitologie, au grand dam du Conseil (d'où conflit ouvert entre eux). Cette réforme de la procédure de comitologie n'a pas vraiment eu lieu avec le traité d'Amsterdam*, bien que la décision du 28 juin 1999, comme l'explique Harald Renout*, précise les compétences des comités.

- Le **comité consultatif** émet un avis qui ne lie pas la Commission, laquelle doit en tenir compte en l'informant.
- Le **comité de gestion** émet son avis à la majorité qualifiée (art. 205 CE). En cas de mesures de la Commission non conformes à cet avis, elles sont transmises au Conseil qui peut prendre une décision différente (délai de 3 mois maximum).
- Le **comité de réglementation**, comme son nom l'indique, encadre le plus étroitement la fonction d'exécution de la Commission. Son avis favorable est nécessaire à toute adoption immédiate d'une mesure de la Commission. En cas d'avis négatif ou d'absence d'avis, transmission au Conseil d'une proposition de décision et réexamen si ce dernier s'oppose à la proposition.

Commission européenne [*European Commission*]

Moteur du système institutionnel, la Commission représente et défend les intérêts de l'Union européenne (UE)* dans son ensemble.

Composition

Elle est constituée de 25 commissaires (un national par État membre en vertu du traité* de Nice*) depuis le 1er novembre 2004, nommés pour cinq ans. Il est prévu de modifier leur nombre d'ici 2009. La Commission sera composée de « deux tiers du nombre des États membres, à moins que le Conseil européen*, statuant à l'unanimité*, ne décide de modifier ce nombre. » (art. I-26 de la Constitution européenne*). Les commissaires sont désignés selon un système de rotation égalitaire entre les États membres.

Depuis le traité d'Amsterdam*, le président de la Commission est désigné par le Conseil européen après approbation par le Parlement européen (PE)*. La désignation des autres commissaires, soumise également à l'approbation du PE (ceci depuis le traité de Maastricht*), fait l'objet d'un commun accord entre les gouvernements des États membres et le président désigné. Seuls les nationaux des États membres peuvent être commissaires. Ils sont choisis en raison de leur compétence générale et de leur engagement européen, parmi des personnalités offrant toute garantie d'indépendance. **La Constitution européenne prévoit** que le président de la Commission soit proposé par le Conseil européen (votant à la majorité qualifiée*) au PE, qui l'élira à la majorité de ses membres.

☛ Portefeuilles

Président

José Manuel Barroso (Portugal)

Vice-présidents

Margot Wallström (Suède, Relations institutionnelles et stratégie de communication)

Günter Verheugen (Allemagne, Entreprise et industrie)

Jacques Barrot (France, Transports)

Siim Kallas (Estonie, Affaires administratives, audit et lutte contre la fraude)

Franco Frattini (Italie, Justice, liberté et sécurité)

Membres

Viviane Reding (Luxembourg, Société de l'information et médias)

Stavros Dimas (Grèce, Environnement)

Joaquin Almunia (Espagne, Affaires économiques et monétaires)

Danuta Hübner (Pologne, Politique régionale)

Joe Borg (Malte, Pêche et affaires maritimes)

Dalia Grybauskaite (Lituanie, Programmation financière et budget)
Janez Potocnik (Slovénie, Science et recherche)
Jan Figel (Slovaquie, Éducation, formation, culture et multilinguisme)
Marcos Kyprianou (Chypre, Santé et protection des consommateurs)
Olli Rehn (Finlande, Élargissement)
Louis Michel (Belgique, Développement et aide humanitaire)
Laszlo Kovacs (Hongrie, Fiscalité et union douanière)
Neelie Kroes-Smit (Pays-Bas, Concurrence)
Mariann Fischer Boel (Danemark, Agriculture et développement rural)
Benita Ferrero-Waldner (Autriche, Relations extérieures et politique de voisinage)
Charlie McCreevy (Irlande, Marché intérieur et services)
Vladimir Spidla (République tchèque, Emploi, affaires sociales et égalité des chances)
Peter Mandelson (Royaume-Uni, Commerce)
Andris Piebalgs (Lettonie, Énergie)

La Commission fonctionne selon le principe de la collégialité : les actes, décidés à la majorité simple, engagent toute la Commission. La collégialité implique, outre la décision collective, que tous les membres sont collectivement responsables, sur le plan politique, de l'ensemble des décisions arrêtées.

Fonctions

Gardienne des traités, la Commission veille à l'application du droit européen. Organe d'impulsion, dotée du pouvoir d'initiative (législative, budgétaire — elle élabore l'avant — projet de budget soumis au Conseil des ministres*), elle propose la législation, les politiques et les programmes d'action au PE et au Conseil. Elle est responsable de la mise en œuvre des décisions du PE et du Conseil. Elle ne peut être renversée qu'à la majorité absolue du PE et des deux tiers des suffrages exprimés.

Elle fonctionne comme un pouvoir exécutif mais a aussi un pouvoir de proposition dans l'élaboration des actes communautaires, de surveillance du droit communautaire* et de représentation dans les relations extérieures des Communautés. En bref, elle a **quatre attributions :** (1) surveillance — gardienne des traités —, (2) initiative — moteur de l'intégration —, (3) exécution et gestion — des politiques communautaires, (4) fonctions internationales — négociation et représentation active ou passive.

La Commission est aussi une administration supranationale (environ 30 000 agents depuis l'UE à 25 le 01/05/2004) divisée en **23 Directions générales (équivalents à des ministères nationaux).** Les services juridiques, de statistiques et de publications lui sont directement rattachés.

La **répartition des attributions** est faite par la Commission avant que les commissaires se présentent devant le PE. Les auditions des commissaires sont effectuées par les commissions du PE. En cas de remplacement individuel, le nouveau commissaire ne se présente pas devant le PE. En cas de remplacement collectif, c'est le vote de censure qui s'applique ou la démission collective.

Le **statut** des commissaires implique un devoir d'indépendance, la non révocabilité, l'exclusivité des fonctions, les privilèges et immunités.

Articles clés. 211 CE (attributions générales) à 219 CE (délibérations acquises à la majorité des membres), I-26 et 27, III-340 (motion de censure au PE), III-347 à 352, III-396 (procédure législative ordinaire) de la Constitution européenne.

88 CE : Contrôle des aides d'État par la Commission.

211 CE : Grâce à son pouvoir de proposition, « la Commission participe à la formation des actes du Conseil. » Les traités prévoient que la Commission exerce les compétences que lui confère le Conseil pour l'exécution des règles qu'il établit (202 CE).

213 CE : Les membres de la Commission sont choisis en raison de leur compétence générale. Ils doivent par ailleurs recevoir l'investiture du PE. Indépendance des commissaires (art. 213 paragraphe 2 et 216).

214 CE : Durée du mandat et processus de désignation.

226 CE : « procédure de manquement* » à l'égard des États membres. La Commission a les moyens d'imposer le respect des traités, en sanctionnant les entreprises* qui ont violé les règles de concurrence* et en poursuivant les autres acteurs devant la Cour de justice des Communautés européennes (CJCE)*. (pouvoir de contrôle de la Commission).

272 CE : La Commission élabore l'avant-projet de budget qui sert de document de travail au Conseil.

274 CE : Pouvoir d'exécution du budget, notamment celui d'autoriser les États à prendre les mesures de sauvegarde prévues par les traités pendant les périodes de transition.

Directions générales et services :

Politiques

1/ Affaires économiques et financières [*Economic and Financial Affairs*]
2/ Agriculture [*Agriculture*]
3/ Centre commun de recherche [*Joint Research Centre*]
4/ Concurrence [*Competition*]
5/ Éducation et culture [*Education and Culture*]
6/ Emploi et affaires sociales [*Employment and Social Affairs*]
7/ Énergie et transports [*Energy and Transport*]
8/ Entreprises [*Enterprise*]
9/ Environnement [*Environment*]
10/ Fiscalité et union douanière [*Taxation and Customs Union*]
11/ Justice et affaires intérieures [*Justice and Home Affairs*]
12/ Marché intérieur [*Internal Market*]
13/ Pêche [*Fisheries*]
14/ Politique régionale [*Regional Policy*]
15/ Recherche [*Research*]
16/ Santé et protection des consommateurs [*Health and Consumer Protection*]
17/ Société de l'information [*Information Society*]

Relations extérieures

18/ Commerce [*Trade*]
19/ Développement [*Development*]
20/ Élargissement [*Enlargement*]
21/ EuropeAid/Office de coopération [*EuropeAid/Co-operation Office*]
22/ Office d'aide humanitaire - ECHO*

[*Humanitarian Aid Office - ECHO*]
23/ Relations extérieures [*External Relations*]

Services généraux. Eurostat*, Office des publications, Office européen de lutte anti-fraude (OLAF)*, Presse et communication, Secrétariat général.

Services internes. Budget, Groupe des conseillers politiques, Informatique, Personnel et administration, Interprétation, Service d'audit interne, Service juridique, Traduction.

Siège. Bruxelles, Belgique (sauf services énumérés aux articles 7 à 9 de la décision du 08/04/1965 établis à Luxembourg).

Internet. http://europa.eu.int/comm/index_fr.htm

Communauté des États indépendants (CEI) [*Community of Independant States*]

Créée en janvier 1993 à la suite du protocole d'Alma-Ata (21/12/1991), la CEI est la conséquence de la décomposition de l'URSS. Elle regroupe 12 États issus des 15 républiques de l'ex-URSS : Arménie, Azerbaidjan, Belarus, Géorgie, Kazakhstan, Kirghizstan, Moldavie, Ouzbékistan, Russie, Tadjikistan, Turkménistan, Ukraine.

À l'instar de l'Union européenne (UE)*, la CEI cherche à créer une union douanière, économique et monétaire, tout en coordonnant les politiques étrangères et en s'efforçant d'établir un espace défensif commun.

Source. http://www.cis.minsk.by

Communauté économique européenne (CEE) [*European Economic Community – EEC*]

Instituée par le traité de Rome* de 1957, la CEE a d'abord été composée des six États membres de la Communauté européenne du charbon et de l'acier (CECA)*, à savoir l'Allemagne fédérale, la France, l'Italie, la Belgique, le Luxembourg et les Pays-Bas. Au sein de cet espace élargi au fil des adhésions*, elle a instauré la suppression des barrières douanières puis la libre circulation des biens et des personnes. La CEE a été renommée Communauté européenne (CE)* en raison de l'extension de ses compétences en dehors du domaine économique, le 1er novembre 1993, lors de l'entrée en vigueur du Traité sur l'Union européenne (TUE) dit traité de Maastricht*. La CE, Euratom* et la CECA (jusqu'au 23/07/2002, date à laquelle le patrimoine de la CECA a été transféré à la CE) constituent le premier pilier* ou pilier communautaire.

Communauté(s) européenne(s) (CE) [*European Community(ies)*]

Organisation d'intégration ayant une nature supranationale. En droit international public, le terme Communautés européennes (CE) désigne des « organisations ayant pour but de réaliser l'unification européenne en soumettant les souverainetés étatiques, dans certains domaines, à une autorité commune. Les traits caractéristiques des Communautés (existence d'organes composés de personnes indépendantes des gouvernements, importance des compétences concédées par les États, restrictions à la règle de l'unanimité, rapports directs avec les particuliers...) ont permis de parler d'Organisations supranationales. » (*Lexique de termes juridiques*, Dalloz). En effet, seules les CE sont des organisations internationales disposant de la capacité juridique internationale (art. 281 CE).

Avec l'Union européenne (UE)*, constituée par les trois piliers*, le traité de Maastricht* a remplacé la Communauté économique européenne (CEE)* par la Communauté européenne (CE), au sein du premier pilier (l'autre Communauté du premier pilier est la Communauté européenne de l'énergie atomique – CEEA* ; le traité créant la Communauté européenne du charbon et de l'acier (CECA)* a expiré le 23/07/2002 et le patrimoine de la CECA a été transféré à la CE). Pourquoi ? Parce que l'objectif initial, le marché commun de la CEE, a été réalisé, et que les compétences de cette dernière se sont diversifiées.

Communauté européenne de défense (CED) [*European Defense Community – EDC*]

Initialement projet proposé par le Français René Pleven (1901-1993) afin d'empêcher le réarmement allemand voulu par les États-Unis en République fédérale d'Allemagne (RFA)*, la CED a été créée par le traité de Paris du 27 mai 1952. Dès 1953 elle est ratifiée par cinq États (RFA, Italie, Belgique, Luxembourg, Pays-Bas) mais le Parlement français rejette le projet le 30 août 1954. Cet échec retarde l'Europe politique mais provoque la négociation rapide des accords de Paris (23/10/1954, ratifiés par la France à la fin de l'année) qui, incluant le Royaume-Uni, permettent le réarmement de la RFA. Celle-ci sort de son statut d'occupation et entre dans le Pacte atlantique. Une conséquence de l'échec de la CED est la création de l'Union de l'Europe occidentale (UEO)* dans le cadre des accords de Paris signés le 23 octobre 1954 qui marquent aussi le rétablissement de la souveraineté de la RFA et son entrée dans l'Organisation du traité de l'Atlantique Nord (OTAN)*.

Communauté européenne de l'énergie atomique (CEEA) – Euratom

La CEEA ou Euratom* a été instituée par les traités de Rome* de 1957. Les profondes divergences entre États membres (la « guerre des filières ») ont abouti à l'échec d'Euratom tandis que la Communauté européenne du charbon et de l'acier (CECA)* redéfinissait son rôle après la crise de surproduction qui l'a conduite à ne plus favoriser la production mais, au contraire, à organiser son repli.

Communauté européenne du charbon et de l'acier (CECA) [*European Coal and Steel Community*]

Instituée en avril 1951 (et entrée en vigueur en juillet de la même année), la CECA a permis d'une part de réinsérer la République fédérale d'Allemagne (RFA)* dans l'Europe*, d'autre part d'offrir aux six premiers pays de la Communauté économique européenne (CEE)* la possibilité de tisser des liens étroits entre eux en mettant en commun leurs productions de charbon et d'acier. Siégeant à Luxembourg, la CECA est la première action véritable de rapprochement franco-allemand. Elle est dotée d'une Haute Autorité commune (dont Jean Monnet est le premier président), entrée en fonction le 10 août 1952 (pour cinquante ans), d'un organe intergouvernemental (Conseil spécial des ministres), d'une Assemblée et d'une Cour de justice. La CECA est financée par un « prélèvement », de nature fiscale, versé directement par les entreprises à la Haute Autorité (Commission). Depuis le 23 juillet 2002, date de l'expiration du traité CECA, le patrimoine de la CECA a été transféré à la Communauté européenne (CE)* et affecté à un programme de recherche en rapport avec les industries du charbon et de l'acier.

Communauté supranationale et fonctionnelle

Expression dont l'origine remonte à la conception de l'Europe* d'après 1945 selon Jean Monnet, l'un des pères de l'Europe. La Communauté européenne du charbon et de l'acier (CECA)* est l'illustration de cette conception, jugée nouvelle à l'époque.

Compétence internationale des Communautés européennes (CE) et de l'Union européenne (UE)

Jusqu'à la Constitution européenne*, l'Union européenne (UE)* ne dispose pas de la personnalité juridique. En tant qu'Organisations internationales (OI), les Communautés européennes (CE)* participent à un traité* international seulement dans la mesure où la matière relevant de celui-ci entre totalement ou partiellement dans leur compétence. Quand il s'agit d'un domaine de compétence exclusive, seule la CE peut être partie à l'accord (les États membres ne peuvent s'engager que sur habilitation communautaire). Quand un accord international couvre à la fois des domaines de compétence communautaire exclusive et des domaines relevant de la compétence des États membres, cet accord est conclu par la CE et par les États membres (« accords mixtes »). Pour les actes qui ne constituent pas de véritables traités internationaux, l'UE peut s'engager.

En ce qui concerne la participation aux réunions internationales, la représentation peut être assurée par la Commission européenne* (et notamment par son président) ou par le président du Conseil en exercice (le Conseil européen* et le Conseil des ministres* sont présidés à tour de rôle par chaque État membre pour une durée de 6 mois) ou par les deux à la fois. La participation de la CE à une OI est variable ; après avoir été admise à la *Food Administration Organization* (FAO), elle devrait l'être au Fonds monétaire international (FMI) et à la Banque mondiale. Depuis 1974, la CE a seulement un statut d'observateur auprès de l'ONU ; cependant elle peut s'exprimer par le relais de l'État qui assure la présidence européenne. Le Conseil de l'Europe* n'est ouvert qu'aux États, mais la CE a d'étroites relations avec lui. En bref, la situation générale est la non-participation, l'exception est la participation (aux institutions spécialisées dépendant du système des Nations unies, ainsi qu'aux organisations du commerce international).

S'agissant du droit de légation, les États tiers entretiennent auprès des CE (ou de l'UE) des « missions » comparables aux ambassades et possédant peu ou prou le même statut. Les États membres ont auprès des Communautés une représentation permanente. La Commission européenne dispose de « délégations » auprès d'États, groupes d'États ou OI autres que dans les États membres.

Enfin, concernant la participation au règlement pacifique des différends internationaux, depuis la création de l'UE l'action diplomatique relève de la procédure d'action commune (art. 14 TUE) ou de la procédure de position commune (art. 15 TUE). Cette double procédure est également valable pour les sanctions depuis le traité de Maastricht*. En revanche, la CE ou l'UE n'a pas accès au contentieux de la Cour internationale de justice (CIJ), bien qu'elle puisse participer, sous certaines conditions, à la procédure d'arbitrage (Source : IGPDE*).

➡ **Articles clés.** 24 TUE, III-292 à 328 (titre V : L'action extérieure de l'Union) de la Constitution européenne.

Compétences communautaires

En général, ces compétences coexistent avec les compétences des États, le principe étant de respecter la primauté du droit communautaire*. Au fur et à mesure que l'Union européenne (UE)* exerce sa compétence et développe sa propre législation, la marge d'action des États membres se réduit car ils ne peuvent plus légiférer qu'à l'intérieur du cadre tracé par la législation communautaire. Il y a **compétence communautaire exclusive** lorsque, dans une matière donnée, les États membres ont perdu la possibilité de légiférer et de réglementer (sauf « habilitation spécifique de la Communauté », décision* de 1976). Les compétences des États disparaissent seulement lorsqu'il y a « harmonisation complète » d'une matière. Les compétences exclusives s'appliquent à la politique monétaire (gestion de l'euro*), la Politique commerciale commune (PCC)* et la conservation des ressources biologiques de la mer.

➡ **Articles clés.** I-12 et 13 de la Constitution européenne*.

Ne pas confondre avec :

1/ les **compétences partagées** (avec les États membres, art. I-14) : marché intérieur*, espace de liberté*, de sécurité* et de justice*, agriculture* et pêche*, transports* et réseaux transeuropéens, énergie*, environnement*, cohésion économique, sociale et territoriale, politique sociale* ;

2/ les **domaines des actions d'appui aux États** (art. I-17) : industrie*, éducation*, jeunesse et formation professionnelle, sport, santé*, culture*, protection civile, coopération administrative, tourisme.

Compromis de Ioannina

Ce compromis tire son nom d'une réunion informelle des ministres des Affaires étrangères, en Grèce, le 29 mars 1994. Il précise les règles de prise de décision par le Conseil des ministres* à la majorité qualifiée*, au sein de l'Union européenne (UE)* à 16 (le 28/11/1994, les Norvégiens refusent par référendum leur entrée dans l'UE. L'Union comptera ainsi 15 membres au 01/01/1995). Le compromis prévoit que si des membres du Conseil représentant entre 23 (ancien seuil de la minorité de blocage) et 26 voix (nouveau seuil de la minorité de blocage) indiquent leur intention de s'opposer à la prise d'une décision par le Conseil à la majorité qualifiée, le Conseil fera tout pour aboutir à une solution satisfaisante qui puisse être adoptée par 65 voix sur 87 au moins. D'où l'**idée de négociation jusqu'au bout,** le but étant d'obtenir une majorité de 65 voix. Suite à la nouvelle pondération des voix au Conseil, le traité de Nice* met fin aux dispositions de ce compromis.

Compromis de Luxembourg

Suite à la politique française de la « chaise vide » (juillet 1965), l'« arrangement » de Luxembourg (29/01/1966) a inauguré au sein du Conseil des ministres* une ère de consensus nécessaire, c'est-à-dire d'**unanimité par défaut**, lorsqu'il s'agit d'« intérêts très importants » d'au moins un État membre. D'où l'expression de « compromis du Luxembourg », tombé en désuétude mais encore existant.

Concurrence

Domaine majeur des politiques européennes, la concurrence relève de la compétence exclusive de la Commission européenne* depuis le traité de Rome* de 1957. Ces règles bien établies n'ont pas été remises en cause lors de la rédaction de la Constitution européenne*.

La finalité du droit communautaire* de la concurrence est de contribuer à la création d'un marché unique sur lequel les entreprises*, publiques ou privées, puissent se faire concurrence sur un pied d'égalité (*level playing field*). La construction européenne* est notamment fondée sur le respect du principe d'une économie de marché ouverte où la concurrence est libre. Celle-ci est considérée comme bienfaitrice en termes de croissance, d'innovation et d'emploi à long terme. Le destinataire final de cette politique est le consommateur* européen. Grâce à elle, il est en droit de bénéficier de produits plus variés, de meilleure qualité et à des prix plus faibles.

Le dispositif de politique européenne de la concurrence* repose sur **quatre piliers** : la prohibition des ententes (art. 81 CE), la condamnation de l'abus de position dominante (art. 82 CE), l'interdiction de principe des aides d'État (art. 87 et 88 CE), le contrôle des concentrations (règlement de 1989, révisé en 2003). Ce dispositif est complété par une action importante de libéralisation qui s'exerce dans certains secteurs (sous monopoles) encore largement réglementés. Il s'accompagne d'une réflexion sur la place à accorder aux Services d'intérêt économique général (SIEG)*, lesquels font l'objet d'une reconnaissance sectorielle (directives sectorielles).

➡ **Articles clés.** 81 à 97 CE, I-3 (Parmi les objectifs de l'Union : « [...] où la concurrence est libre et non faussée »), I-13 (compétence exclusive), III-161 à 169, III-174 et 175 de la Constitution européenne*.

Confédération européenne

Lancé par François Mitterrand, alors président de la République française, le 31 décembre 1989, le projet de Confédération européenne visait à une redéfinition des relations euroatlantiques, à la fin de la division de l'Europe* (en particulier la réunification de l'Allemagne), à l'accélération de la construction européenne* et à la recherche d'une place pour l'ex URSS. Dès le départ, ce projet s'est heurté à une triple hostilité : d'abord celle des partenaires de la France au sein de la Communauté européenne (CE)*, ensuite celle des Pays d'Europe centrale et orientale (PECO)* désireux d'intégrer l'Organisation du traité de l'Atlantique Nord (OTAN)* et la CE, enfin celle des États-Unis qui souhaitaient renforcer leur *leadership*. Le 13 juin 1991, à Prague, les « Assises pour la Confédération européenne » ont marqué l'échec du projet français devant la puissance américaine.

Confédération européenne des syndicats (CES) [*European Trade Union Confederation – ETUC*]

Créée en 1973 afin d'offrir un contrepoids syndical aux forces économiques d'intégration européenne, la CES regroupe aujourd'hui 76 confédérations syndicales nationales originaires de 34 pays européens, ainsi que 11 fédérations syndicales européennes, soit environ 60 millions de membres. La CES est reconnue par l'Union européenne (UE)*, le Conseil de l'Europe* et l'Association européenne de libre échange (AELE)* comme unique organisation syndicale inter-professionnelle représentative au niveau européen.

Voir Partenaires sociaux.*

➡ **Siège.** Bruxelles, Belgique.
Internet. www.etuc.org

Conférence intergouvernementale (CIG) [*Intergovernmental Conference – IGC*]

Négociation européenne exclusivement consacrée à la **révision des traités***. Sa réunion est prévue par le traité* lui-même (art. 48 TUE). La décision d'ouvrir les négociations pour réviser le traité est prise par le Conseil des ministres* après consultation du Parlement européen (PE)*. Composition d'une CIG : représentants des États membres (au niveau des chefs d'État et de gouvernement ou des ministres) et Commission européenne*. Le PE en est exclu. À l'issue de la CIG, le nouveau texte doit être ratifié par les États membres.

➡ **Articles clés.** 48 TUE, IV-443 de la Constitution européenne*.

Conférence des organes (des parlements nationaux) spécialisés dans les affaires communautaires (COSAC)

Réunie pour la première fois en novembre 1989, à l'initiative de la France, la COSAC se réunit depuis lors chaque semestre, dans le pays qui exerce la présidence de l'Union européenne (UE)*. Historiquement, son existence tire son origine de la Haute Assemblée de la Communauté européenne du charbon et de l'acier (CECA)*, puisque celle-ci, ancêtre du Parlement européen (PE)*, était constituée de représentants des parlements nationaux.

Concrètement, c'est un organe restreint qui comporte 6 membres de chaque Parlement national (membres de l'organe spécialisé) et 6 membres du Parlement européen (PE). Le protocole d'Amsterdam a institutionnalisé la COSAC et amplifié son rôle en vue de la faire contribuer aux institutions de l'UE.

À cette COSAC, s'ajoutent aussi les « assises parlementaires » (réunies d'abord en novembre 1990), organe ouvert à tous les parlementaires nationaux et européens. La COSAC a un caractère purement consultatif, bien qu'elle puisse soumettre des contributions aux institutions de l'Union (notamment sur les activités législatives de l'UE, par exemple l'application du principe de subsidiarité*), examiner toute proposition d'acte législatif en matière de justice et affaires intérieures*, et de droits fondamentaux.

Le « protocole sur le rôle des parlements nationaux dans l'UE », adopté par la Conférence intergouvernementale (CIG)* à Amsterdam en 1997 et annexé aux traités, constitue un acte de reconnaissance important du rôle des parlements nationaux, mais sans véritable innovation. **La Constitution européenne* prévoit** d'associer davantage les parlements nationaux au contrôle de la bonne application du principe de subsidiarité.

➡ **Articles clés.** 88-4 de la Constitution française de 1958, IV-443 et 444 de la Constitution européenne.

Conseil de l'euro

Mis en place à la demande de la France et créé sous l'impulsion du Conseil Ecofin de 1997, ce Conseil (dit Eurogroupe*) regroupe les ministres des Finances des pays de la zone euro*. Organe non décisionnel, il se réunit chaque mois, avant la réunion du Conseil des ministres* de l'économie et des finances (Ecofin), et examine, en prologue, les questions financières, ceci afin de permettre aux pays de la zone euro d'ajuster la préparation de leur budget et d'harmoniser les politiques macro-économiques. Il siège avec la Commission européenne* et, au besoin, avec la Banque centrale européenne (BCE)*. **La Constitution européenne* prévoit** la reconnaissance de cette enceinte et commence à donner corps au gouvernement économique de la zone euro pour faire contrepoids au pouvoir de la BCE.

➡ **Articles clés.** III-185 à 190 de la Constitution européenne.

Conseil de l'Europe
[*Council of Europe*]

Créé en mai 1949 (et entré en vigueur en août de la même année) à l'initiative de la France, du Royaume-Uni, de la Belgique, du Luxembourg et des Pays-Bas rejoints par l'Italie, le Danemark, la Norvège, la Suède et l'Irlande. Le Conseil de l'Europe est une assemblée qui regroupe 46 États – représentant environ 800 millions d'Européens – dont les 25 de l'Union européenne (UE)*. Depuis 1996, la Fédération de Russie en fait partie. Sous l'influence des Britanniques, et au grand dam des fédéralistes, le Conseil de l'Europe est devenu dès sa création une assemblée consultative doublée par un conseil des ministres chargés de représenter les gouvernements. Occasion ratée d'un projet constitutionnel, le Conseil de l'Europe est aujourd'hui un espace de débats (« club des démocraties ») qui permet aux pays membres de réfléchir à la coopération entre États européens, tout en harmonisant les législations.
Organisation intergouvernementale où sont discutées et rédigées des conventions (exemple la Convention européenne d'assistance sociale et médicale de 1953), sa mission est de défendre les droits de l'homme (son œuvre majeure est la Convention européenne de sauvegarde des droits de l'homme et des libertés fondamentales*, à l'origine de la Cour européenne des droits de l'homme*), la démocratie pluraliste et la prééminence du droit, et plus généralement de développer la stabilité démocratique en Europe*, de favoriser la prise de conscience et la mise en valeur de son identité*, ou encore de rechercher des solutions aux grands problèmes de société.

➡ **Siège.** Strasbourg, France.
Internet. www.coe.int

Conseil des communes et régions d'Europe (CCRE) [*Council of European Municipalities and Regions – CEMR*]

Association européenne à l'origine de la création du Comité des régions de l'Union européenne (UE)*, le CCRE a été fondé à Genève en 1951 sous le nom de Conseil des Communes d'Europe. En s'ouvrant ensuite aux régions, il est devenu le CCRE. Aujourd'hui c'est la plus grande organisation d'autorités locales et régionales en Europe*. Ses membres sont les associations nationales de villes et régions de plus de 30 pays, représentant environ 100 000 villes et régions. Doté d'un réseau dense de jumelages (26 000 entre villes de toute l'Europe), et grâce à ses commissions et groupes de travail, le CCRE influence la législation et les politiques communautaires en favorisant l'échange d'informations, ceci afin que les préoccupations des autorités locales et régionales soient prises en compte.

➡ **Siège.** Genève, Suisse.

Internet. www.ccre.org

Ne pas confondre avec le Congrès des pouvoirs locaux et régionaux de l'Europe qui a pour mission d'assurer la représentation des collectivités territoriales au sein du Conseil de l'Europe*.

Conseil des ministres de l'Union européenne (ou Conseil de l'UE – CUE – depuis novembre 1993) [*Council of the European Union*]

Principal organe de décision de l'Union, le CUE représente les États membres (il est l'expression des souverainetés réunies) : un ministre de chaque gouvernement national participe à ses réunions (art. 203 CE). Le Conseil est une seule institution mais se réunit en plusieurs formations selon les sujets abordés. Il adopte, avec le Parlement européen (PE)*, la législation européenne et le budget*, coordonne les grandes orientations des politiques économiques des États membres, conclut des accords internationaux, définit la Politique étrangère et de sécurité commune (PESC)*, et coordonne la coopération entre les instances judiciaires et les forces de police nationales en matière pénale.

Fonctions

Il a une fonction législative et gouvernementale. Le Conseil détient, avec le PE dans certains cas, le pouvoir d'adopter la plupart des normes communautaires. Selon les questions, les décisions du Conseil sont prises à la majorité simple (art. 205 CE), à la majorité qualifiée* (notamment pour la procédure de codécision* depuis le traité* de Maastricht*) ou à l'unanimité* (grandes décisions, PESC). La présidence du Conseil est assurée à tour de rôle et pendant six mois par chacun des États membres. Le Conseil est le principal détenteur du pouvoir législatif communautaire : il a le pouvoir de décision.

Fonctionnement

Ses travaux sont préparés par le Comité des représentants permanents (COREPER)* qui rassemble les représentants permanents (les ambassadeurs) des États membres auprès des Communautés européennes (CE)* à Bruxelles. Plus en amont, les dossiers sont traités par des groupes de travail spécialisés constitués des fonctionnaires des États travaillant sous l'autorité des ambassadeurs. Au Conseil, on distingue les points qui seront adoptés sans discussion (point A de l'ordre du jour) de ceux qui feront l'objet d'un débat (point B). Le Conseil dispose d'un service juridique pour l'éclairer. En aval de la décision, le Conseil surveille la mise en œuvre de ses décisions par la Commission européenne*, ceci par le biais des comités* consultatifs, de gestion, de réglementation. Le fonctionnement complexe de ces comités a donné lieu à l'apparition du terme « comitologie »*. Le Conseil n'est que l'étape finale d'un processus de négociation qui commence au niveau des fonctionnaires des différents États siégeant dans le cadre de comités à compétence plus ou moins étendue. Parmi eux, le Coreper occupe une place exceptionnellement importante.

Formations

Affaires générales et relations extérieures ; affaires économiques et financières ; justice et affaires intérieures ; emploi, politique sociale, santé et consommateurs ; compétitivité (marché intérieur, industrie et recherche) ; transports, télécommunications et énergie ; agriculture et pêche ; environnement ; éducation, jeunesse et culture.

Réunions

Le Conseil tient une centaine de sessions par an, réunit les ministres concernés (attention : jumbo conseil = conseil conjoint) des États membres. Les réunions sont thématiques : y siègent les ministres dont le portefeuille ministériel inclut le thème traité. Le nombre de formations du Conseil ayant été jugé trop élevé, la décision d'en réduire le nombre a été prise lors du Conseil européen de Séville (juin 2002, cf. annexe aux Conclusions de ce Conseil). Ainsi, sous la présidence danoise du second semestre 2002, le **Conseil affaires générales (CAG)** a vu son rôle de coordination réaffirmé. Il se réunit une fois par mois, alors que les **conseils « techniques »** (affaires sociales, recherche, transport, etc.) se réunissent en tant que de besoin.

La Constitution européenne* prévoit l'application d'un système de double majorité (55 % des États membres, 65 % de la population), l'élargissement du champ d'application du vote à la majorité qualifiée, l'existence d'une minorité de blocage (au moins quatre États membres du Conseil).

Articles clés. 202 à 210 CE, I-23 à 25, III-342 à 346, III-396 (procédure législative ordinaire), Partie IV de la Constitution européenne*.

202 CE : « Le Conseil assure la coordination des politiques économiques générales des États membres et dispose d'un pouvoir de décision. »

203 CE : composition et présidence du Conseil.

107 CE : « [depuis les conséquences du traité de Maastricht] En matière de politique monétaire, le Conseil des ministres peut statuer sur recommandation de la Banque centrale européenne (BCE)*, après consultation du PE et de la Commission. »

208 CE : « Le Conseil peut demander à la Commission de procéder à toutes études qu'il juge opportunes pour la réalisation des objectifs communs, et de lui soumettre toutes propositions appropriées. »

Siège. Bruxelles, Belgique (sauf sessions d'avril, juin et octobre à Luxembourg).

Internet. http://ue.eu.int/fr/Info/index.htm

Conseil européen [*European Council*]

Ayant pour origine les « sommets » européens des années 1960 et 1970, le Conseil européen a été créé, institué sous l'impulsion de Valéry Giscard d'Estaing (président de la République en France de 1974 à 1981) et de Helmut Schmidt (chancelier de l'Allemagne fédérale de 1974 à 1982), lors du sommet de Paris du 10 décembre 1974. Son existence a été consacrée dans l'Acte unique européen* qui lui a donné un fondement juridique formel. Puis le traité* de Maastricht* a précisé son rôle et l'a amplifié (Conseil européen = organe de l'Union européenne (UE)* régi par des règles qui lui sont propres).

Composition

Il réunit les chefs d'État ou de gouvernement des États membres, assistés de leur ministre des Affaires étrangères, le président de la Commission assisté d'un commissaire. La composition du Conseil européen, telle qu'elle est fixée par l'article 4 TUE, n'inclut pas le président du Parlement européen (PE)* qui, s'il peut intervenir devant les chefs d'État ou de gouvernement, n'est pas pour autant membre du Conseil européen.

Fréquence des réunions

Depuis 2002, conformément au traité de Nice*, au moins une réunion du Conseil européen par présidence a lieu à Bruxelles (Jusqu'à l'adoption de la Constitution européenne*, en juin 2004, le Conseil européen se réunissait au moins deux fois par an, à Bruxelles et dans une ville de l'UE, chaque pays membre occupant cette présidence suivant l'ordre fixé par le traité de Maastricht). Depuis l'élargissement* de mai 2004, toutes les réunions (préparées par le Conseil « Affaires générales et Relations extérieures ») doivent se tenir à Bruxelles. Les réunions du Conseil européen sont en général précédées par une réunion des ministres des Affaires étrangères au cours de laquelle ceux-ci essaient de conduire la négociation aussi loin que possible. À l'issue de chaque réunion du Conseil européen sont rendus publics un relevé de conclusions établi par la présidence et des déclarations de politique étrangère.

Rôle

« Enceinte des compromis ultimes » selon l'expression de Philippe Moreau Defarges*, il fixe les grandes orientations (exemple en matière de Politique étrangère et de sécurité commune (PESC)* : art. 13 TUE) de la politique européenne et donne les impulsions sur les sujets les plus importants. Le Conseil européen est devenu une institution communautaire au cours des années 1980 et le moteur de l'intégration européenne, l'essentiel étant d'harmoniser une prise de position commune au plus haut niveau. En bref, il freine ou accélère le processus d'intégration économique et politique. **La Constitution européenne* prévoit** la création d'un poste de président du Conseil, élu à la majorité qualifiée pour 2 ans et demi renouvelable une fois, et d'un ministre des Affaires étrangères de l'Union* destiné à donner un « visage » à l'Europe, le nouveau Conseil européen (érigé au rang d'institution) devant se réunir désormais quatre fois par an.

Articles clés. Articles I-21, 22, 25, III-341 et Partie IV de la Constitution européenne.

4 TUE : « Le Conseil européen donne à l'UE les impulsions nécessaires à son développement et en définit les orientations politiques générales. Par ailleurs, il a l'obligation d'adresser au PE un rapport à la suite de chacune de ses réunions et un rapport écrit annuel concernant les progrès réalisés par l'Union ».

Siège (des réunions). Bruxelles, Belgique.

Internet. http://ue.eu.int/fr/Info/eurocouncil/index.htm

Consommateur européen

Voir Droits du consommateur européen, Bureau européen des unions de consommateurs (BEUC)*.*

Constitution européenne [*European Constitution*]

Adoptée par les 25 États membres de l'Union européenne (UE)* le 18 juin 2004, signée à Rome le 29 octobre 2004, suite aux propositions de la Convention européenne sur l'avenir de l'Union*, la Constitution européenne est aussi appelée « Texte instituant une Constitution pour l'Europe » ou « traité* constitutionnel ». Elle doit être ratifiée prochainement par tous les pays de l'UE (en France, un référendum est prévu en 2005) pour entrer en vigueur le 1er novembre 2006. Si deux ans après la signature du traité (c'est-à-dire le 29/10/2006) tous les États membres ne l'ont pas ratifiée, le Conseil européen* sera saisi.
Cette Constitution a été élaborée pour permettre à l'Union d'être gouvernée par des règles en partie nouvelles, plus simples et plus démocratiques. Ainsi, les citoyens auront la possibilité, s'ils réunissent un million de signatures dans un nombre significatif d'États membres, d'inviter la Commission européenne* à soumettre une proposition appropriée au législateur (art. I-47). L'UE sera fondée sur une base unique, la Constitution, ce qui signifie que tous les traités seront fondus dans un seul texte juridique. Les piliers* seront fusionnés, bien qu'avec le maintien de procédures particulières dans le domaine de la Politique européenne de sécurité et de défense (PESD)*.

Corpus

La Constitution européenne comporte quatre parties, 349 pages et 448 articles. La partie I est consacrée à l'architecture constitutionnelle, la partie II est la Charte des droits fondamentaux*, la partie III s'intitule « Les politiques et le fonctionnement de l'Union », la partie IV concerne les dispositions générales et finales. Toute modification (révision des traités*) de la Constitution se fera à l'unanimité, sauf pour étendre le champ du vote à la majorité qualifiée où un accord unanime au sein du Conseil européen* sera suffisant.

Les innovations

1/ Pour donner un visage à l'Europe et garantir la continuité de sa politique, un **président du Conseil européen élu à la majorité qualifiée* pour une durée de deux ans et demi, renouvelable une fois,** aura pour tâche d'en animer les travaux, de faciliter en son sein la cohésion et le consensus, d'assurer la représentation extérieure de l'UE. Le système actuel de rotation égalitaire et semestrielle parmi les États membres, pour la présidence des différentes configurations du Conseil (sauf pour le Conseil « Relex » — relations extérieures) est maintenu, mais à l'intérieur d'une « *team-presidency* » de trois pays.

2/ La **création du poste de ministre des Affaires étrangères de l'Union***, par fusion de ceux de haut représentant pour la Politique étrangère et de sécurité commune (PESC)* et de commissaire aux relations extérieures, a pour but de supprimer la concurrence entre les deux fonctions, qui est source de confusion, pour confier à une seule personne, dotée d'un service diplomatique relativement étoffé, la conduite de la politique extérieure. Dépendant à la fois du Conseil des ministres* et de la Commission*, dont il sera l'un des vice-présidents, ce ministre bénéficiera d'une « double casquette » susceptible de donner plus de poids à son action.

3/ C'est aussi par souci d'efficacité que le **nombre des commissaires** sera, à terme, réduit (le système d'un commissaire par pays, fixé par le traité de Nice*, étant jugé trop lourd). Il est prévu qu'à partir de 2014 la Commission soit composée d'un nombre de commissaires correspondant à deux tiers du nombre des États membres, selon le système de rotation égalitaire décidé à Nice.

4/ L'**extension du vote à la majorité qualifiée** doit également favoriser les prises de décision. La formule retenue (55 % des États représentant 65 % de la population à partir du 01/11/2009) est plus stricte que celle du projet de la Convention, mais plus simple et plus facile à mettre en œuvre que la pondération complexe établie à Nice. Elle devrait donc permettre au Conseil de décider plus rapidement dans plusieurs domaines, en particulier ceux qui touchent aux politiques d'asile et d'immigration*, ainsi qu'à la coopération judiciaire.

5/ **Le Parlement européen (PE)* élit le président de la Commission et son pouvoir de codécision* s'étend à quasiment tous les domaines** de la législation européenne. Désormais la codécision est appelée procédure législative. 95 % des lois seront adoptées conjointement par le PE et le Conseil.

6/ Enfin la Constitution européenne reconnaît le rôle des services publics et **la Charte des droits fondamentaux*, inscrite dans la Constitution, protège la dimension sociale de l'UE.**

Pourquoi une Constitution européenne ? s'interroge Philippe Moreau Defarges*. Parce qu'elle est l'aboutissement de trois déterminismes : d'une part l'écroulement du rideau de fer a conduit à l'élargissement de l'UE, d'autre part le marché unique a donné naissance à l'euro*, enfin la construction d'une légitimité démocratique européenne voit s'affirmer le PE et son corollaire, la citoyenneté européenne*.

➡ **Article clé.** IV-447 (ratification et entrée en vigueur) de la Constitution européenne.

Pour connaître l'évolution de la Constitution européenne : http://europa.eu.int/futurum

Construction (de la maison) européenne

Terme désignant à la fois un processus (celui de l'Europe* en train de se faire) et un résultat (édifice, fruit du passé). La construction européenne a commencé au lendemain de la Seconde Guerre mondiale, essentiellement grâce à l'œuvre des pères de l'Europe*, et se poursuit aujourd'hui, toujours par l'intermédiaire des traités* dont le dernier, la Constitution européenne*, se veut plus fédérateur.

Contrôle budgétaire

Une fois le rapport transmis par la Commission européenne*, le Parlement européen (PE)* contrôle l'exécution du budget de l'Union européenne (UE)*. Il vote la « décharge », c'est-à-dire qu'il constate que le budget a été correctement exécuté par la Commission (art. 274 TCE). En fait, l'assistance technique de la Cour des comptes européenne* est importante : c'est elle qui fournit au PE une « déclaration d'assurance » concernant la légalité et la régularité des opérations ainsi que la fiabilité des comptes. S'agissant des contrôles internes, les trois acteurs présents sont l'ordonnateur, le contrôleur financier et le comptable. Ce dispositif traditionnel a été renforcé en 1999 par la création de l'Office européen de lutte anti-fraude (OLAF)*, au sein du secrétariat général de la Commission. Le contrôle financier externe est partagé entre la Cour des comptes, le Conseil des ministres* et le PE. La démission de la Commission Santer, en 1999, suite à la publication d'un rapport financier très critique, est à l'origine de la réforme du règlement financier devant permettre d'améliorer le contrôle budgétaire. La Constitution européenne* clarifie le droit existant en la matière.

➡ **Articles clés.** 274 CE, I-31 de la Constitution européenne.

Convention de Schengen [*Schengen Convention*]

Signée le 19 juin 1990, la Convention d'application de l'accord de Schengen (conclu le 14/06/1985 d'abord dans un cadre restreint : Allemagne fédérale, France, Belgique, Luxembourg et Pays-Bas), repose sur l'équilibre entre la (libre) circulation des personnes* (suppression des contrôles systématiques lors du franchissement des frontières) et la mise en œuvre de mesures compensatoires visant à offrir un niveau élevé de sécurité*. D'où la création d'une frontière extérieure unique

où sont effectués les contrôles d'entrée de l'espace Schengen, aujourd'hui étendu à 13 États membres (les 5 premiers États + Italie, Espagne, Portugal, Grèce, Autriche, Danemark, Finlande, Suède). En application de la clause de sauvegarde, la France maintient le dispositif de surveillance de ses frontières terrestres avec le Benelux*.
Inclus dans le traité* d'Amsterdam*, en 1999, les accords de Schengen font désormais partie intégrante du droit communautaire*.

Convention européenne de sauvegarde des droits de l'homme et des libertés fondamentales – Convention européenne des droits de l'homme (CEDH)

Au lendemain de la Seconde Guerre mondiale, la question des droits de l'homme a été centrale dans la reconstruction des États. La construction de l'Europe* a débuté par leur consécration au travers de la Convention européenne de sauvegarde des droits de l'homme et libertés fondamentales (CEDH) du 4 novembre 1950, et du Conseil de l'Europe*. La protection des droits fondamentaux* fait partie intégrante des constitutions des États membres de l'Union européenne (UE)*, ce qui leur assure la plus haute protection juridique. Complétée par des protocoles additionnels, la CEDH consacre notamment les droits individuels (la liberté de penser, de s'exprimer, etc.) et l'abolition de la peine de mort.
L'article 6 TUE rappelle : « L'Union est fondée sur les principes de la liberté, de la démocratie, du respect des droits de l'homme et des libertés fondamentales, ainsi que de l'État de droit, principes qui sont communs aux États membres. »
Le traité* d'Amsterdam* a introduit dans les compétences de la Cour de justice des Communautés européennes (CJCE)* des changements qui se répercutent sur la protection des droits fondamentaux. En effet, selon l'**article 46 TUE**, la

CJCE est désormais compétente pour veiller au respect de l'article 6, paragraphe 2, par les institutions de l'UE. L'**article 7 TUE**, introduit par le traité d'Amsterdam, prévoit les modalités d'action de l'Union en cas « de violation grave et persistante par un État membre des principes énoncés à l'article 6 » (cet article a été utilisé en 2000 pour mettre sous surveillance le gouvernement autrichien nouvellement élu, sous l'égide du parti populiste d'extrême droite de Jorg Haider).

Enfin le respect des droits fondamentaux est un préalable à toute demande d'adhésion* à l'UE. Aujourd'hui la question de l'adhésion de l'UE à la CEDH est posée. Le problème est qu'en cas d'adhésion, la CEDH représenterait un droit prioritaire par rapport au droit de l'UE et la jurisprudence de la CJCE devrait par conséquent pouvoir être contrôlée par la Cour européenne des droits de l'homme de Strasbourg*.

→ **Article clé.** I-9, Partie II (Charte des droits fondamentaux*) de la Constitution européenne*.

Convention européenne sur l'avenir de l'Union (ou Convention sur l'avenir de l'Europe) [*European Convention*]

Lancée lors du Conseil européen de Laeken* du 15 décembre 2001, cette Convention s'est réunie de février 2002 à juin 2003, en session plénière entre une et deux fois par mois. Composée de 105 membres dont un président (Valéry Giscard d'Estaing) et deux vice-présidents (MM. Amato et Dehaene), 28 représentants des chefs d'État ou de gouvernement des quinze États membres et des treize pays candidats, 56 parlementaires nationaux, 16 députés européens et 2 représentants de la Commission européenne* (MM. Barnier et Vitorino), son mandat portait sur quatre points essentiels : le renforcement du caractère démocratique de l'Union européenne (UE)*, la clarification des compétences de l'UE, la réduction de l'éventail des instruments juridiques dont dispose l'UE, des propositions sur un nouvel équilibre institutionnel dans l'Europe* élargie. La Convention a présenté les résultats de ses travaux (Projet de Traité constitutionnel) lors du Conseil européen de Thessalonique* en juin 2003. Durant l'automne 2003, la Conférence intergouvernementale (CIG)* décortique le Projet de Traité, le dilue et l'alourdit, de telle manière qu'au Conseil européen de Bruxelles* en décembre de la même année, les États membres sont en désaccord. À l'issue de la CIG à laquelle les nouveaux États membres (*voir Adhésion à l'Union européenne**) participent à part entière, la Constitution européenne* est enfin approuvée le 18 juin 2004.

Coopération politique européenne (CPE)

Lancée par le sommet de Luxembourg à la suite du rapport Davignon* (1970), elle a été institutionnalisée par l'Acte unique européen*. Elle a eu un rôle de passerelle avec le système communautaire (en effet, un secrétariat a été créé et basé à Bruxelles) et est à l'origine de la Politique étrangère et de sécurité commune (PESC)*.

Coopérations renforcées

Type de coopération prévue par le traité d'Amsterdam* et permettant à certains États membres de l'Union européenne (UE)* de coopérer ensemble, sous conditions (respect des traités* et de l'acquis communautaire*, autorisation du Conseil des ministres*) qui limitent les possibilités pratiques d'y avoir recours. D'où le concept d'Europe* à géométrie variable ou à plusieurs vitesses. Pour rendre le mécanisme plus opérationnel, le traité de Nice* supprime la possibilité de mettre un veto au déclenchement d'une coopération renforcée. Il fixe à huit le nombre minimal d'États membres nécessaires pour instaurer une coopération renforcée et prévoit la possibilité d'instaurer des coopérations renforcées dans le domaine de la Politique étrangère et de sécurité commune (PESC)*, sauf dans le domaine de la défense*. Dans le cadre de la Constitution européenne*, il est prévu que le recours aux coopérations renforcées soit rendu plus souple. Il sera requis un tiers au moins des États membres, l'autorisation de recourir à ce type de coopération étant donnée par le Conseil à la majorité qualifiée*, après approbation du PE et sur proposition de la Commission européenne*. Exception : PESC (unanimité* du Conseil nécessaire + avis du ministre des Affaires étrangères* de l'Union et de la Commission).

➡ **Articles clés.** 11 CE, 27 TUE, 40 et 43 à 45 TUE, I-44, III-416 à 423 de la Constitution européenne.

COREU (CORrespondance EUropéenne)

Réseau de communication de l'Union européenne (UE)* entre les États membres et la Commission européenne* pour la coopération dans les domaines de la Politique étrangère et de sécurité commune (PESC)*. Circulant à l'origine via le télex, c'est aujourd'hui un réseau télégraphique crypté. En cas de crise, le COREU facilite une prise de décision rapide, notamment pour arrêter le texte d'une déclaration commune.

Cour de justice des Communautés européennes (CJCE) [*Court of Justice of the European Union*]

Instituée par le traité* de Paris* en 1952, la CJCE veille au respect et à l'interprétation du droit communautaire*. Elle a aussi un rôle consultatif. Elle compte un juge par État membre (et huit avocats généraux), nommé d'un commun accord par les États membres pour une durée de six ans (à l'exception du président de la Cour, élu pour 3 ans par les juges). Pour aider la Cour dans sa tâche, un Tribunal de première instance (TPI)* a été créé en 1989.

Évolution

Après avoir joué un rôle décisif dans le développement du droit européen, la CJCE est aujourd'hui l'instance juridique suprême de l'Union européenne (UE)*. Chargée de faire respecter le droit dans l'interprétation et l'application du traité, elle est compétente dans tous les domaines communautaires, à l'exception des questions de Politique étrangère et de sécurité commune (PESC)*. Il va de soi que ne remplaçant pas les juridictions nationales, elle ne peut statuer que sur des questions de droit communautaire. De par son évolution, la CJCE peut être largement assimilée à une juridiction constitutionnelle. En effet, ni les États membres ni les institutions n'échappent au contrôle de conformité de leurs actes. En revanche, la Cour ne peut être entièrement considérée comme une juridiction de cassation, d'une part parce que les décisions des juridictions nationales ne sont pas en tant que telles susceptibles de pourvoi devant la CJCE, d'autre part parce que le système de la question préjudicielle* n'est qu'un mécanisme de coopération entre juridictions nationales et communautaires. Cela signifie que la CJCE est incompétente pour réformer les jugements des juridictions nationales relatifs au droit communautaire. La CJCE a vu ses compétences élargies avec l'entrée en vigueur du traité d'Amsterdam*, en 1999 ; la Cour est compétente dans les nouveaux domaines transférés par les États membres au niveau européen et notamment en matière de liberté et de sécurité* des personnes* (droit d'asile, immigration*, passage des frontières...). **La Constitution européenne* prévoit** de renforcer cette compétence en ce qui concerne l'espace de liberté, sécurité et justice* et certains aspects de la politique étrangère, tout en aménageant un accès des particuliers* à la justice communautaire.

Les recours

Les États membres, les institutions européennes et toute personne physique ou morale peuvent déposer deux types de recours devant les juges de la CJCE ou du TPI.

1/ Les **recours directs** peuvent être introduits par les institutions communautaires ou par un État membre mais aussi par des particuliers ou des entreprises. Ces affaires portent sur la mise en cause de la légalité d'un acte communautaire et sont traitées par le TPI.

2/ **Les recours introduits par les juridictions nationales** des États membres qui se réfèrent à la CJCE pour statuer sur l'interprétation des traités communautaires.

La **jurisprudence de la CJCE*** enrichit et précise le droit communautaire. Elle a ainsi dégagé des « principes généraux » du droit communautaire qui sont des principes communs aux États membres. La plupart de ces principes généraux sont les droits fondamentaux identifiés par la Cour depuis ses arrêts Stander (1969) et Gesellschaft (1970). Le Conseil européen de Cologne* (1999) a décidé l'élaboration d'une Charte des droits fondamentaux* des citoyens de l'UE. Dès lors que la Constitution européenne dotera l'UE de la personnalité juridique (art. I-7), la CJCE se transformera en Cour de justice européenne. À cet effet, elle pourra traiter de litiges relatifs aux droits de l'homme.

➡ **Articles clés.** I-29, III-353 et 381 de la Constitution européenne.
220 CE : « La CJCE assure le respect du droit dans l'interprétation et l'application du présent traité ».
222 CE : Composition de la Cour.
234 CE : « La CJCE interprète le droit communautaire sur renvoi préjudiciel* des juridictions nationales, auxquelles ses décisions s'imposent. »
232 et 233 CE : Recours en carence.
226 à 228 CE : Recours en manquement.
235 et 288 CE : Recours en responsabilité extra-contractuelle.
236 CE : La Cour statue sur tout litige entre la Communauté et ses agents.

➡ **Siège.** Luxembourg.
Internet. http://www.curia.eu.int

Cour des comptes européenne [*European Court of Auditors – ECA*]

Créée par le traité de Bruxelles du 22 juillet 1975* (entrée en vigueur le 01/07/1977), sous l'inspiration des cours des comptes nationales, la Cour des comptes européenne est la gardienne de l'orthodoxie financière. Elle assure le contrôle des comptes, vérifie la légalité et la régularité des recettes et des dépenses* de l'Union européenne (UE)* et s'assure de la bonne gestion financière des diverses institutions européennes. Elle est composée de 24 membres nommés pour six ans par le Conseil des ministres* à l'unanimité* et après consultation du Parlement européen (PE)*. Elle a une double mission de contrôle et de conseiller en gestion au service de tous les organismes et des institutions dont elle vérifie l'usage des fonds alloués par l'UE. Erigée au rang d'institution par le traité de Maastricht*, elle peut saisir la Cour de justice des Communautés européennes (CJCE)* pour la sauvegarde de ses prérogatives. Un conseiller indépendant des gouvernements nationaux représente cette institution dans chaque État membre. Il peut même contrôler les dépenses de l'UE au niveau local sans craindre la moindre pression.

Toutefois l'action de la Cour des comptes européenne se limite à contrôler et à recommander une meilleure gestion des fonds communautaires ; elle n'a **pas de pouvoir de sanction.** Elle a été renforcée en 1999 par l'Office européen de lutte anti-fraude (OLAF)*.

➠ **Articles clés.** 246 et 248 CE, I-31, III-384 et 385 de la Constitution européenne*.

Siège. Luxembourg.

Internet. http://www.eca.eu.int

Cour européenne des droits de l'homme [*European Court of Human Rights*]

Juridiction internationale instituée par la Convention européenne des droits de l'homme (CEDH)*. Elle se compose d'un nombre de juges égal à celui des États contractants (44 en 2004). Ces juges sont élus pour six ans par l'Assemblée parlementaire du Conseil de l'Europe*. Ils siègent à la Cour à titre individuel et ne représentent aucun État. Ils ne peuvent exercer aucune activité incompatible avec leurs devoirs d'indépendance ou d'impartialité ou avec la disponibilité requise par une activité exercée à temps plein. Le mandat des juges s'achève dès qu'ils atteignent l'âge de 70 ans.

La procédure est contradictoire. La saisine s'effectue par un contrôle sur plaintes, la Cour pouvant être saisie soit par un État contractant (cas rares), soit par une personne privée alléguant une violation des dispositions de la Convention.

→ **Articles clés.** Charte des droits fondamentaux* de la Constitution européenne*.

Siège. Strasbourg, France.

Internet. http://echr.coe.int

Critères de convergence

Définis par le traité* de Maastricht* pour réaliser l'Union économique et monétaire (UEM)* avant la fin du XXe siècle, les critères de convergence sont au nombre de cinq dont deux qui concernent les finances publiques des États candidats à l'adoption de l'euro* :

1/ déficit public annuel inférieur ou égal à 3 % du PIB ;

2/ dette publique inférieure ou égale à 60 % du PIB ;

3/ stabilité des prix : le taux d'inflation d'un État membre donné ne doit pas dépasser de plus de 1,5 % celui des trois États membres présentant les meilleurs résultats en matière de stabilité des prix ;

4/ taux de change : participation au mécanisme de taux de change du Système monétaire européen (SME)* pendant les deux ans précédant l'examen de la situation du pays candidat à l'euro ;

5/ taux d'intérêt (nominaux) à long terme : ils ne doivent pas excéder de plus de 2 % ceux des trois États membres, au plus, présentant les meilleurs résultats en matière de stabilité des prix.

➡ **Articles clés.** 121.1 CE, I-3 (Parmi ses objectifs, « l'Union œuvre pour le développement durable de l'Europe* fondé sur une croissance économique équilibrée et sur la stabilité des prix. »), III-177, 184 et 198 de la Constitution européenne*.

Culture européenne

Dès les années 1970, la Communauté européenne (CE)* a décidé de mener des actions culturelles. Toutefois il a fallu attendre le traité* de Maastricht* pour qu'une place soit officiellement dévolue à la culture et que soit lancé l'espace culturel européen. L'article 151 TUE souligne en effet : « La Communauté contribue à l'épanouissement des cultures des États membres dans le respect de leur diversité nationale et régionale, tout en mettant en évidence l'héritage culturel commun. » La réalisation de l'espace culturel commun repose sur une coopération entre États membres, encouragée par l'Union européenne (UE)*, dans les domaines suivants : diffusion de la culture et de l'histoire des peuples européens, conservation du patrimoine culturel d'importance européenne, échanges culturels non commerciaux, création artistique, littéraire et audiovisuelle, coopération avec les pays tiers et les organisations internationales compétentes.

Trois programmes, regroupés en un seul, **« Culture 2000 »** (2000-2006), ont ainsi été soutenus par la Commission européenne* : **Ariane** (soutien au livre, à la lecture et à la traduction), **Kaléidoscope** (création artistique et culturelle) et **Raphaël** (soutien au patrimoine culturel). Outre Culture 2000, des actions spécifiques sont financées par d'autres programmes européens. Par ailleurs, depuis 1985, les États membres désignent annuellement une « ville européenne de la culture ».

Voir Identité européenne, Histoire de l'Europe*, Cinéma européen*, Exception culturelle*.*

➡ **Source.** www.europa.eu.int

➡ **Articles clés.** 151 CE, I-3 (Parmi ses objectifs, l'Union « veille à la sauvegarde et au développement du patrimoine culturel européen. »), I-17 (domaines des actions d'appui, de coordination ou de complément), III-280 de la Constitution européenne*.

Davignon (Rapport)

Adopté par les ministres des Affaires étrangères en octobre 1970, ce rapport est à la base de la Coopération politique européenne (CPE)* jusqu'à l'entrée en vigueur de l'Acte unique européen* qui a formalisé la « coopération européenne en matière de politique étrangère ». La création du Conseil européen*, en 1974, a renforcé cette CPE en laissant cependant en dehors les questions de défense*.

Décision

Acte individuel d'application, obligatoire dans tous ses éléments. Elle peut avoir les mêmes auteurs que le règlement* mais à la différence de celui-ci qui est un acte impersonnel, la décision (art. 249 alinéa 4 CE) a des « destinataires à qui elle impose des obligations et/ou confère des droits ». Elle oblige donc les destinataires individuellement désignés : un particulier, une entreprise ou un État. Elle entre en vigueur dès sa notification aux destinataires.

➡ **Articles clés.** 249 CE, I-33, 35 et 39 de la Constitution européenne*.

Défense

Voir Politique européenne de sécurité et de défense (PESD), Politique étrangère et de sécurité commune (PESC)*.*

Dépenses (de l'Union européenne)

Le budget* annuel de l'Union européenne (UE)* représente environ 100 milliards d'euros. Les dépenses sont consacrées à 80 % à la Politique agricole commune (PAC)* et aux fonds structurels*. Elles sont classées en 8 principaux postes appelés « rubriques », elles-mêmes divisées en « sous-rubriques ».

- Rubrique 1 : PAC (75 % du budget en 1975, 45 % en 2003).
- Rubrique 2 : actions structurelles (politique régionale*), correspondant à un tiers des dépenses.
- Rubrique 3 : politiques internes (transports*, énergie*, recherche*, formation, emploi*, environnement*).
- Rubrique 4 : actions extérieures.
- Rubrique 5 : administration (frais de fonctionnement et de personnels des institutions européennes).
- Rubrique 6 : réserves.
- Rubrique 7 : pré-adhésion.
- Rubrique 8 (créée par le Conseil européen* de Copenhague* des 12 et 13/12/2002) : compensations budgétaires en faveur des nouveaux adhérents.

Comme l'explique Harald Renout*, les dépenses obligatoires (DO), c'est-à-dire celles « découlant obligatoirement du traité ou des actes arrêtés en vertu de celui-ci et que l'autorité budgétaire est par conséquent tenue d'inscrire au budget, sont arrêtées par le Conseil [des ministres]* ». Le Parlement européen (PE)* dispose au contraire du dernier mot sur les dépenses non obligatoires (DNO). **La Constitution européenne* prévoit** de supprimer la distinction entre types de dépenses et de ne pas laisser le dernier mot au PE comme le proposait la Convention européenne sur l'avenir de l'Union*.

➡ **Articles clés.** I-53, III-313, III-403 à 414 de la Constitution européenne.

Dérogation

Situation de non participation à la troisième phase de l'Union monétaire (c'est-à-dire à la monnaie unique : l'euro*) introduite par le traité* de Maastricht*. La protection sociale (concerne le Royaume-Uni) et la défense* (concerne le Danemark) sont deux autres secteurs de non participation.

➡ **Articles clés.** III-197 à 202 de la Constitution européenne*.

Directive (communautaire)

Principale technique « législative et médiate » de la Commission européenne*, « la directive lie tout État membre destinataire quant au résultat à atteindre, tout en laissant aux instances nationales la compétence quant à la forme et aux moyens » (art. 249 alinéa 3 CE). Elle fixe donc les objectifs à atteindre (obligation de résultat) et laisse aux États membres destinataires le choix de la forme et des moyens pour transposer la directive en loi interne (en France, par loi, décret ou arrêté). Ceux-ci devant assurer une transposition exacte et correcte des directives, ils doivent aussi notifier à la Commission les mesures de transposition adoptées. Seuls les États membres peuvent êtres destinataires de directives. L'entrée en vigueur de la directive est la même que pour les règlements*, mais le délai de mise en œuvre est variable (à l'expiration du délai, la Commission peut introduire devant la Cour de justice des communautés européennes (CJCE)* un recours en manquement* à l'encontre de l'État qui n'a pas transposé la directive). La directive permet d'harmoniser (rapprocher) les dispositions législatives, réglementaires et administratives des États. **La Constitution européenne* prévoit** de renommer la directive « loi-cadre européenne ».

➡ **Articles clés.** 249 CE, I-34 et 39 de la Constitution européenne.

Domaines de compétence partagée

Exercées en commun par l'Union européenne (UE)* et les États membres, les compétences partagées s'appliquent aux principaux domaines suivants : le marché intérieur*, la politique sociale* pour les aspects définis dans la partie III de la Constitution européenne*, la cohésion économique, sociale et territoriale, l'agriculture* et la pêche (*voir Politique commune de la pêche**), à l'exclusion de la conservation des ressources biologiques de la mer, l'environnement*, la protection des consommateurs*, les transports*, les réseaux transeuropéens, l'énergie*, l'espace de liberté, de sécurité* et de justice*, les enjeux communs de sécurité en matière de santé* publique, pour les aspects définis dans la partie III.

→ **Article clé.** I-14 de la Constitution européenne.

Dooge (Comité)

Constitué après le Conseil européen de Fontainebleau* de 1984, ce comité était chargé de présenter des propositions pour réformer les institutions. Il a inspiré l'Acte unique européen*.

Dorsale européenne

Expression géographique qui désigne l'espace le plus urbanisé et le plus densément peuplé de l'espace européen. Du bassin de Londres au nord de l'Italie, en passant par la vallée du Rhin, cette dorsale-mégalopole constitue un axe majeur de circulation autour duquel s'organise l'espace communautaire. À ce titre, elle est la colonne vertébrale de l'organisation spatiale européenne*.

Drapeau européen

Né en 1955, à l'époque où le Conseil de l'Europe* cherchait un symbole pour le représenter, le drapeau européen (qui représente un cercle de douze étoiles d'or sur fond bleu) a été adopté par le Parlement européen (PE)*, en 1983, puis comme emblème officiel de la future Union européenne (UE)*, en 1985. Depuis 1986, il sert de symbole à toutes les institutions européennes. Il représente l'unité et l'identité* européenne. Les douze étoiles n'ont pas changé avec les élargissements* successifs, car ce chiffre est, selon la tradition, symbole de perfection, de plénitude et d'unité.

Article clé. I-8 de la Constitution européenne*.

Droit communautaire

Mélange de droit international et de droit interne, il a deux principes fondamentaux reconnus par la jurisprudence* de la Cour de justice des communautés européennes (CJCE)* : l'applicabilité directe du droit communautaire (CJCE, 1963, Van Gend en Loos) et sa primauté sur le droit interne (CJCE, 1964, Costa c/Enel). Il s'est renforcé avec le principe d'application du droit communautaire aux particuliers dans leurs relations entre eux (CJCE, 1978, Simmenthal).

Les sources du droit communautaire* (droit primaire, droit dérivé, principes généraux du droit et jurisprudence, autres sources englobant les accords internationaux et les actes non prévus par les traités* : résolutions, conclusions, programmes d'action, communications, etc.) établissent une hiérarchie dont il convient de tenir compte, étant donné que la majorité des lois émanent désormais des institutions européennes. La portée du droit communautaire a été précisée par la CJCE. Il n'y a pas une hiérarchie des normes au sens classique, mais plutôt un ensemble d'îlots de compétence (concurrence*, libre circulation des travailleurs, protection de l'environnement*, etc.) avec des règles procédurales précises (consultation, coopération, codécision*). Il existe cependant une logique communautaire fondée sur la prééminence des traités constitutifs. La reconnaissance de la primauté du droit communautaire par les juridictions des États membres constitue la condition essentielle de la pleine effectivité du droit communautaire.

Article clé. I-6 (Le droit de l'Union) de la Constitution européenne*.

Droits du consommateur européen

Ces droits concernent essentiellement l'information et, en fonction des législations nationales, la réparation. L'étiquetage des produits au sein de l'Union européenne (UE)* permet au consommateur de disposer d'informations, la marque CE offre une qualité de produit conforme aux normes communautaires. Enfin le consommateur peut demander réparation par l'intermédiaire des **centres européens d'information** créés pour conseiller et assister les consommateurs.

➡ **Articles clés.** 153 CE, I-14 (parmi les domaines de compétence partagée : la protection des consommateurs), Charte des droits fondamentaux* (II-98 : protection des consommateurs), III-120, III-235 de la Constitution européenne*.

Droits fondamentaux

La Cour de justice des Communautés européennes (CJCE)* y fait pour la première fois référence en 1969, dans l'affaire Stauder (jurisprudence de la CJCE*). Par la suite, les droits de la personne ont été pris en compte, notamment au regard de la Convention européenne des droits de l'homme* (1950) et, plus récemment, dans la Charte des droits fondamentaux*.

➡ **Articles clés.** I-9, Charte des droits fondamentaux* (II-61 à II-114) de la Constitution européenne*.

Echo (Office européen de l'aide humanitaire) [*European Community Humanitarian Aid Office*]

Surnom de l'Office humanitaire de la Commission européenne*, ECHO a été créé en novembre 1991. C'est le premier bailleur de fonds dans ce domaine. Il finance aux deux tiers les Organisations non-gouvernementales (ONG) qui se consacrent à la solidarité, à la charité et à l'assistance.

➡ **Article clé.** III-321 (l'aide humanitaire) de la Constitution européenne*.

Éducation

Conformément au principe de subsidiarité*, les États membres de l'Union européenne (UE)* sont responsables de l'organisation de leur système d'éducation et du contenu des programmes. En appui, le rôle de l'UE consiste essentiellement à encourager la coopération entre les États, ceci pour développer une politique éducative européenne*.

➡ **Articles clés.** 149 et 150 CE, I-17 (domaines des actions d'appui, de coordination ou de complément), Charte des droits fondamentaux* (II-74 : droit à l'éducation), III-282 et 283 de la Constitution européenne*.

Voir Baccalauréat européen, Erasmus Mundus*, Europass*, Langues européennes*, (Programme) Socrates*, Systèmes éducatifs en Europe*.*

Élargissement de l'Union européenne

Processus d'intégration de nouveaux États au sein de l'Union européenne (UE)*. L'adhésion* à l'UE concerne plusieurs élargissements (dont les négociations sont rythmées par une série de décisions successives prises lors des conseils européens*), l'Europe des six (Allemagne fédérale, Belgique, France, Italie, Luxembourg et Pays-Bas) étant devenue aujourd'hui celle des vingt-cinq.

- Premier élargissement (01/01/1973) : entrée du Royaume-Uni, de l'Irlande et du Danemark.
- Deuxième élargissement (01/01/1981) : entrée de la Grèce.
- Troisième élargissement (01/01/1986) : entrée de l'Espagne et du Portugal.
- Quatrième élargissement (01/01/1995) : entrée de l'Autriche, de la Suède et de la Finlande.
- Cinquième élargissement (01/05/2004) : Estonie, Lituanie, Lettonie, Pologne, République tchèque, Slovaquie, Hongrie, Slovénie, Malte, Chypre (partie grecque). Des périodes transitoires, dérogations limitées dans le temps

au droit communautaire*, ont été accordées, voire imposées pour certaines (par exemple le maintien de restrictions à la libre circulation des personnes*, jusqu'en 2011 maximum), à ces dix nouveaux pays. Pour la période 2004-2006, les dépenses* budgétaires communautaires réalisées en faveur des nouveaux États membres s'élèvent à 41 milliards d'euros*.

Le sixième élargissement prévu (en 2007) concerne la Bulgarie, la Roumanie et peut-être la Croatie (le 20/04/2004, la Commission européenne* a donné un avis favorable à sa candidature déposée seulement en février 2003).

Le Conseil européen de Copenhague (1993)* a aussi fixé rendez-vous à la Turquie. En octobre 2004, la Commission s'est prononcée en faveur de l'ouverture des négociations avec la Turquie, tout en assortissant sa réponse d'une série de conditions strictes. Elle propose ainsi de mettre en place un mécanisme de suspension des négociations, en cas de non respect des critères politiques de Copenhague. Elle souligne que l'UE devra définir ses perspectives financières* pour l'après 2014, avant de pouvoir conclure les négociations. Ce qui signifie que l'adhésion de la Turquie ne pourra s'effectuer qu'après cette date. Au Conseil européen de Bruxelles, les 16 et 17 décembre 2004, les dirigeants européens ont retenu la date du 3 octobre 2005 pour l'ouverture des négociations d'adhésion avec la Turquie. D'un commun accord, ils souhaitent que d'ici cette date, la Turquie s'engage à reconnaître juridiquement la République de Chypre, en signant le protocole additionnel à l'accord d'Ankara de 1963.

Comme l'indique Maxime Lefebvre*, à long terme et sous réserve que tous les États auxquels elle a promis l'adhésion la rejoignent, l'UE devrait atteindre 33 membres (Balkans et Turquie inclus).

Élections européennes

Le mandat des 732 députés du Parlement européen (PE)* est de cinq ans. La répartition des sièges est proportionnelle à la population de chaque pays : Allemagne : 99 ; Italie, Royaume-Uni et France : 78 ; Espagne, Pologne : 54 ; Pays-Bas : 27 ; Belgique, Grèce, Hongrie, Portugal et République tchèque : 24 ; Suède : 19 ; Autriche : 18 ; Danemark, Finlande et Slovaquie : 14 ; Irlande, Lituanie : 13 ; Lettonie : 9 ; Estonie : 7 ; Chypre, Luxembourg et Slovénie : 6 ; Malte : 5. Depuis les élections du 13 juin 2004, la France élit ses 78 représentants au sein d'un système de 8 grandes circonscriptions interrégionales, selon un scrutin de liste à la représentation proportionnelle à un tour, avec répartition des restes à la plus forte moyenne.

Lors de l'adhésion programmée de la Bulgarie et de la Roumanie (2007), il est prévu de leur attribuer respectivement 18 et 35 sièges. Après 2009, selon le traité* de Nice*, la composition du PE sera revue à la baisse, l'objectif étant de ne pas dépasser 750 sièges.

➡ **Articles clés.** I-19, III-330 à 340 de la Constitution européenne*.

Emploi

Depuis l'entrée en vigueur du traité* d'Amsterdam*, l'emploi est l'un des principaux objectifs de l'Union européenne (UE)*. Le sommet européen de Lisbonne* en mars 2000, a fixé un nouvel objectif à atteindre d'ici 2010 : que l'UE devienne « l'économie de la connaissance la plus compétitive et la plus dynamique du monde. » Au Conseil européen de Bruxelles, les 4 et 5 novembre 2004, le rapport Kok reconnaissait qu'en matière de croissance, « l'Europe a perdu du terrain tant par rapport aux États-Unis qu'à l'Asie », et dressait un bilan « très mitigé » des efforts faits depuis 2000 (source : *Le Monde*, 06/11/2004).

➡ **Articles clés.** 125 à 130 CE, I-3 (parmi les objectifs de l'Union : « une économie sociale de marché hautement compétitive, qui tend au

plein emploi et au progrès social. »), III-117, III-203 à 208 de la Constitution européenne*.
Voir Politiques économiques de l'Union européenne (UE), Partenaires sociaux*.*

Énergie

Facteur essentiel du développement économique, l'énergie a fait l'objet d'un Livre vert*, en 2000, dans lequel la Commission européenne* prônait une stratégie européenne de sécurité d'approvisionnement. La tendance actuelle est au marché libéralisé (du gaz et de l'électricité), tandis que les États membres de l'Union européenne (UE)*, qui ont le choix entre différentes sources d'énergie et la structure de leur approvisionnement énergétique, se sont engagés à augmenter leurs économies d'énergie de 1 % au moins chaque année, et la part des sources d'énergie renouvelables de 6 % en 1995 à 12 % en 2010. Autre engagement pris par l'UE : réduire les émissions de gaz à effet de serre de 8 % en 2012 par rapport à 1990 (protocole de Kyoto).
Voir Environnement.*

➡ **Articles clés.** I-14 (compétence partagée), III-256 de la Constitution européenne*.

Entreprises européennes

Voir Petites et moyennes entreprises (PME) européennes, Concurrence*, Politique de concurrence*, Partenaires sociaux*.*

➡ **Articles clés.** III-142 à 146, III-161 à 166, III-279 (industrie), III-281 (tourisme) de la Constitution européenne*.

Environnement

La politique de l'Union européenne (UE)* dans ce domaine a quatre principaux objectifs : préservation, protection, amélioration de la qualité de l'environnement et protection de la santé* des personnes. Selon les sujets, le vote du Conseil des ministres* s'effectue à l'unanimité*, après consultation du Parlement européen (PE)*, du Comité économique et social* et du Comité des régions*, ou à la majorité qualifiée*, selon la procédure de codécision*.

Voir Agence européenne pour l'environnement, Énergie*, Life*.*

Articles clés. 174 CE, I-14 (compétence partagée), Charte des droits fondamentaux* (II-97 : protection de l'environnement), III-119, III-233 et 234 de la Constitution européenne*.

Erasmus Mundus (Programme)

Inséré dans le programme Socrates* et issu d'une communication, en 2001, de la Commission européenne* au Parlement européen (PE)* et au Conseil des ministres*, Erasmus est un programme de coopération et de mobilité au niveau de l'enseignement supérieur qui fait valoir dans le monde entier l'image de l'Union européenne (UE)* en tant que centre d'excellence. Il soutient des cours de Masters européens, lesquels offrent aux établissements d'enseignement supérieur français de nouvelles possibilités d'alliance et de partenariat intra et extra-européens. Il promeut l'enseignement supérieur européen dans les pays tiers, notamment par un système de bourses financées par l'UE pour les ressortissants de pays tiers et pour les ressortissants de l'UE étudiant dans un pays tiers.

Autres actions-programmes

Comenius (enseignement scolaire), Erasmus (enseignement supérieur), Grundtvig (éducation des adultes), Lingua (enseignement et apprentissage des langues), Minerva (technologie de l'information et des communications dans l'éducation).

Source.

http://europa.eu.int/comm/education/programmes/mundus

Espace économique européen (EEE) [*European Economic Area – EFTA*]

Entré en vigueur le 1er janvier 1993, l'EEE rassemble les États membres de l'Union européenne (UE)* et les États de l'Association européenne de libre-échange (AELE)*. C'est aussi la plus grande zone de libre-échange du monde et un espace de coopération en matière de recherche, d'éducation et d'environnement.

Espace européen de la recherche (EER) [*European Research Area – ERA*]

Ensemble de ressources matérielles et d'infrastructures optimisées à l'échelle de l'Union européenne (UE)*, l'EER coordonne des instruments et des moyens publics utilisés en plus grande cohérence, ceci pour réaliser un système commun de référence scientifique et technique. Il vise aussi à développer un territoire européen dynamique, ouvert et attractif pour les chercheurs et les investissements, tant par le rôle des régions dans l'effort de recherche* européen, que par l'intégration des communautés scientifiques d'Europe occidentale et orientale. Financé par l'UE, le Centre commun de recherche (CCR) regroupe 8 instituts situés dans 5 pays de l'Union.

La notion d'EER a été vraiment lancée dans le cadre du Ve Programme cadre recherche-développement (PCRD) (1998-2002) et entérinée par les chefs d'État et de gouvernement à Lisbonne*, en mars 2000. Partant du constat que la recherche européenne n'est que la somme des systèmes de recherche nationaux et qu'elle n'a pas, dans de nombreux domaines, la taille critique pour des recherches d'envergure, les Européens ont souhaité, sous l'impulsion du commissaire Busquin, donner un nouveau cadre à la politique de l'UE en matière de R & D. Deux idées majeures sont retenues : structurer des équipes de recherche en réseaux, favoriser une véritable mobilité intra-européenne des chercheurs. Avec le lancement du VIe PCRD (2003-2008) portant sur 17,5 milliards d'euros (Conseil des ministres de la Recherche, décembre 2001), la taille de chaque projet doit être multipliée par 10 par rapport au Ve PCRD. De nouveaux instruments sont par ailleurs expérimentés : réseaux d'excellence, projets intégrés, utilisation de l'article 169 du traité d'Amsterdam* (projets à géométrie variable initiés par un nombre limité d'États membres). Voir le site internet du Service Communautaire d'Information sur la R & D : www.cordis.lu (*Community Research & Development Information Service*) qui est doté d'un glossaire exhaustif sur le sujet.

➡ **Articles clés.** 163 à 173 CE, III-248 à 255 de la Constitution européenne*.

Euratom

Autre nom de la Communauté européenne de l'énergie atomique (CEEA)* instituée par les traités* de Rome* de 1957.

Eurêka

Initiative de recherche* industrielle fondée en 1985 pour préparer l'industrie européenne à la mondialisation de l'économie (guichet concurrent du Programme cadre recherche-développement — PCRD —, *voir Espace européen de la recherche**).

Eurimages [*European Support Fund for the Coproduction of Cinematographic Works*]

Mis en place en 1988 et regroupant aujourd'hui 30 États, Eurimages est un fonds du Conseil de l'Europe* pour l'aide à la coproduction, à la distribution et à l'exploitation de films. À l'instar du programme MEDIA (lancé en 2001, celui-ci vise à renforcer la compétitivité de l'industrie audiovisuelle européenne par une série d'actions incitatives), cette structure sert de relais aux systèmes nationaux d'aides au financement du cinéma européen* et de l'audiovisuel.

*Voir Politique audiovisuelle européenne**.

➡ **Internet.** www.coe.int

Euro

Monnaie unique de l'Union économique et monétaire (UEM)*. Le nom « euro » fut adopté par les chefs d'État ou de gouvernement européens réunis au Conseil européen de Madrid en décembre 1995*.

Le 31 décembre 1998, les taux de conversion entre l'euro et les monnaies des États membres de l'Union européenne (UE)* adoptant l'euro ont été irrévocablement fixés (pour le franc, un euro = 6,55957 FF). L'euro a été adopté par 11 États membres à partir du 1er janvier 1999. Ces pays sont : Allemagne, Autriche, Belgique, Espagne, Finlande, France, Irlande, Italie, Luxembourg, Pays-Bas et Portugal. La Grèce a rejoint la zone euro* seulement le 1er janvier 2001. Les anciennes monnaies nationales sont restées valides jusqu'au 1er janvier 2002.

➡ **Articles clés.** I-13 (compétence exclusive), III-177, III-194 à 196 de la Constitution européenne*.

Eurocopter

Société franco-allemande créée en 1992 avec la fusion des divisions Hélicoptère d'Aérospatiale et de MBB (Messerschmitt-Bölkow-Blohm). Son activité actuelle est centrée sur la production du Tigre (spécialisé dans l'appuie-protection anti-char et anti-hélicoptère), et du NH 90 (transport de troupes), ainsi que sur des programmes d'hélicoptères civils.

Ne pas confondre avec Eurocorps*.

Eurocorps

L'Eurocorps tire son origine à la fois du projet de défense* européenne (Communauté européenne de défense – CED*) rejeté par le Parlement français en 1954, et du traité franco-allemand de l'Élysée du 22 janvier 1963. Créé en 1992 (lors du 59e sommet franco-allemand de La Rochelle, les 21 et 22/05/1992) par le Conseil des ministres* de l'Union de l'Europe occidentale (UEO)*, bras européen de l'Organisation du traité de l'Atlantique Nord (OTAN)*, l'Eurocorps regroupe cinq pays membres de l'Union européenne (UE)* : Allemagne, Belgique (25/06/1993), Espagne (10/12/1993), France et Luxembourg (07/05/1996). Opérationnel depuis novembre 1995, il rassemble aujourd'hui environ 60 000 hommes qui restent sous commandement national en temps de paix. Depuis juin 2001, la Force européenne de réaction rapide [*Rapid Reaction Corps HQ*], qui doit réunir tous les pays de l'Union européenne (UE)*, est à la disposition de l'UE et de l'OTAN. Elle est censée déployer en 60 jours une force militaire terrestre avec accompagnement aérien et naval dans le cadre d'une mission de gestion de crise dite de « Petersberg » (du nom de la déclaration du 19/06/1992, à Bonn, relative à l'UEO et la sécurité* européenne).

Siège (état-major). Strasbourg, France.
Internet. www.eurocorps.org

Eurodac

Base de données (biométriques) des empreintes digitales des demandeurs d'asile et des immigrants clandestins. Elle a été mise en place début 2003 afin de faciliter l'application de la Convention de Dublin (15/06/1990, Conseil européen de Dublin*) qui permet de déterminer l'État responsable de l'examen d'une demande d'asile.

Siège (de l'unité centrale). Luxembourg.

Eurogroupe

Voir Conseil de l'euro.*

Eurojust

Mise en place le 1er janvier 2002, c'est une organisation qui coordonne les enquêtes transfrontalières dans l'Union européenne (UE)*. Parallèlement à Europol*, Eurojust est un réseau de magistrats des États de l'UE qui permet de coordonner le suivi judiciaire des enquêtes. Depuis le 1er janvier 2004, les magistrats bénéficient du **mandat d'arrêt**

européen qui repose sur le principe de la reconnaissance mutuelle des décisions en matière pénale. **La Constitution européenne* prévoit** la création d'un **Parquet européen** à partir d'Eurojust.

➡ **Articles clés.** III-273 et 274 de la Constitution européenne.
Siège. La Haye, Pays-Bas.
Internet. www.eurojust.eu.int

Europass

Curriculum vitae européen, Europass est un document sur lequel figure la description et la certification des compétences et qualifications acquises par son détenteur, que ce soit par le biais d'une formation, initiale ou continue, ou d'une expérience professionnelle. Il a été réalisé par le CEDEFOP (Centre européen pour le développement de la formation professionnelle*).

Europe

Continent dont le mot phénicien est d'origine mésopotamienne : « ereb » signifiait « lieu où le soleil se couche ». Dans l'Antiquité, les Grecs ont transformé le mot phénicien en un mot grec phonétiquement le plus proche, « Europe », qui désignait, dans la mythologie, la jeune fille enlevée par Zeus. Pour les géographes et les géologues, l'Europe est une presqu'île du continent asiatique. Ils admettent que ses limites sont : à l'ouest, le long de l'Atlantique, les côtes du Portugal, de l'Espagne, de la France, du Royaume-Uni et de l'Islande ; au nord, au-delà de la Norvège, l'océan Arctique ; à l'est, la barrière de l'Oural ; et au sud, les côtes de la Méditerranée avec la Grèce, l'Italie, la France et l'Espagne. Aujourd'hui l'Europe est surtout un ensemble d'êtres humains issus, en grande partie, de migrations successives. Ces hommes et femmes se sentent européens par l'histoire*, la géographie*, la culture*, les langues* (*voir Identité européenne**) et prennent de plus en plus conscience de leur spécificité grâce notamment aux médias.

Europe des patries

Conception politique de l'Union européenne (UE)* ancrée dans les courants attachés au nationalisme ou au patriotisme, l'Europe* des patries est une idée véhiculée d'abord par le général de Gaulle puis, à partir des années 1980, par les partis d'extrême droite. Cette position est contre le fédéralisme européen (*voir Europe fédérale**) et révèle la crainte des décisions prises au niveau supranational. Aujourd'hui on l'associe au souverainisme.

Europe fédérale

Solution envisagée par des politiques réformateurs, notamment allemands. Il s'agit de créer une Constitution européenne* (esquissée par le traité de Nice de février 2001*) fédérant les États membres. Cette expression a été récupérée par les partis régionalistes qui réclament l'autonomie de leur région (exemple les Padaniens en Italie).

Europessimisme

Expression des années 1980, du temps où l'Europe occidentale, traumatisée par les chocs pétroliers de 1973 et 1979, avait du mal à relancer son économie. Reconnaissant que l'Europe des trente glorieuses (1945-1975) était révolue, les Européens, doutant d'eux-mêmes, ont lancé le marché intérieur* puis la monnaie unique, à défaut de s'attaquer enfin au projet constitutionnel qui s'était traduit, avec le Conseil de l'Europe*, par un échec. Depuis la mise en place réussie de l'euro*, l'euroscepticisme remplace peu ou prou l'europessimisme.

Europol (Office européen de police)

Bien que la coopération policière entre États membres de l'Union européenne (UE)* ait été envisagée dès le traité* de Maastricht* (d'où le lancement, en janvier 1994, de « Unités Drogues Europol »), la convention établissant Europol a été signée en juillet 1995 et n'est entrée en vigueur que le 1er octobre 1998. Opérationnel depuis juillet 1999, Europol est l'Office de coordination de l'information entre services de police des États membres de l'UE. Son objectif consiste à améliorer l'efficacité des services compétents des États et leur coopération en ce qui concerne la prévention et la lutte contre les formes graves de criminalité internationale organisée. Depuis décembre 2001, en raison notamment des attentats du 11 septembre, Europol a vu ses domaines de compétence élargis à toutes les formes de criminalité internationale. Ainsi le **mandat d'arrêt européen** (*voir Eurojust**) est entré en vigueur en janvier 2004. À terme, Europol devrait devenir une police européenne des frontières qui interviendra particulièrement à l'est et dans la région des îles grecques.

➡ **Articles clés.** III-274 à 277 de la Constitution européenne*.
Siège. La Haye, Pays-Bas.
Internet. http://www.europol.eu.int

Eurostat (Office des statistiques des communautés européennes) [*Statistical Office of the European Communities*]

Créé en 1953 pour répondre aux besoins de la Communauté européenne du charbon et de l'acier (CECA)*, Eurostat a vu sa mission s'élargir, notamment en 1958 lorsque l'Office est devenu une direction générale (DG) de la Commission européenne*. Clé d'accès à la statistique européenne, Eurostat offre des données complètes sur l'Union européenne (UE)*, notamment grâce aux informations fournies par les instituts nationaux.

➡ **Siège.** Luxembourg.
Internet. http://europa.eu.int/comm/eurostat, http://europa.eu.int/futurum.

Exception culturelle

Comme le stipule l'article III-315 de la Constitution européenne*, « le Conseil des ministres* statue à l'unanimité* pour la négociation et la conclusion d'accords dans le domaine des services culturels et audiovisuels, lorsque ceux-ci risquent de porter atteinte à la diversité culturelle et linguistique de l'Union. »

Voir Cinéma européen, Culture européenne*, Politique audiovisuelle européenne*.*

➡ **Articles clés.** I-3, III-280, III-315 (la Politique commerciale commune*).

Exception d'illégalité (*voir aussi recours en annulation**)

« Procédure dont l'objet est de contester la validité d'un acte communautaire et partant d'obtenir du juge qu'il le déclare inapplicable au cas d'espèce. » (Harald Renout*). Ce n'est pas une voie de droit autonome, contrairement aux trois recours directs de portée générale (le principal étant le recours en annulation*). Elle peut seulement être utilisée à l'occasion et dans le cadre d'un recours direct. Bien qu'elle ne puisse s'appliquer qu'aux règlements*, elle est largement ouverte et permet de compenser, en partie, pour les personnes physiques ou morales, les effets des strictes conditions de recevabilité qui s'imposent à elles.

➡ **Articles clés.** 241 CE, III-365 à 379 de la Constitution européenne*.

Financement des États membres

Entre 1958 et 1970, ce financement s'effectuait par contributions des États membres. Les recettes du budget* comprenaient donc des contributions financières déterminées selon une « clé de répartition » fixée par le traité* et dépendant des capacités de chacun des États, à l'instar du financement des organisations internationales. Les ressources propres* ont remplacé le régime des contributions, la première fois par l'affectation au budget communautaire des prélèvements agricoles (décision du 21/04/1970 entrée en vigueur le 01/01/1971) et, d'une manière progressive, des droits de douane perçus sur les échanges avec les pays tiers, ainsi que de la TVA (1975 et 1980). La décision de 1988 a plafonné l'assiette de la TVA à 55 % du PNB de chaque État, puis au Conseil européen d'Édimbourg de décembre 1992* il a été décidé une augmentation progressive des recettes mises à la disposition des Communautés* selon le mécanisme de 1988. Actuellement le plafonnement des ressources propres est à 1,27 % du PNB de l'Union européenne (UE)* et ne devrait pas être modifié avec l'élargissement aux Pays d'Europe centrale et orientale (PECO)*. Seul le taux d'appel de la TVA sera progressivement abaissé à 0,50 %.

S'agissant des ressources, les prélèvements et droits de douane sont les « 1re » et « 2e » ressources propres, la TVA est la « 3e », le prélèvement PNB est la « 4e » ressource propre, la dernière qu'on utilise pour équilibrer le budget.

Bien qu'il soit admis que le budget communautaire constitue un moyen de transfert – particulièrement par l'intermédiaire des fonds structurels* – de ressources au bénéfice des États ou des régions les moins développées de l'UE, les États pratiquent le calcul du « juste retour » (comparaison flux de recettes en provenance d'un État/flux de dépenses émanant du budget communautaire). Le Royaume-Uni se considérant comme défavorisé, le Conseil européen de Dublin de 1976 a institué un « mécanisme correcteur » remplacé dans les faits par des « compensations ». Le Conseil européen de Fontainebleau (26/06/1984)* est allé encore plus loin (correction en cas de charge budgétaire excessive).

Hors budget communautaire, on trouve le financement du Fonds européen de développement (FED)* et, jusqu'aux traités de Maastricht* et d'Amsterdam*, les dépenses des 2e et 3e piliers*.

Fiscalité européenne

Point faible de la construction européenne*. Malgré le marché intérieur* et l'Union économique et monétaire (UEM)*, l'Union européenne (UE) ne dispose pas encore de véritable fiscalité communautaire. Les articles 90 CE (interdiction des impositions intérieures discriminatoires) et 93 CE (harmonisation des législations relatives aux impôts indirects) contiennent des dispositions spécifiques, mais la disposition en ce domaine requiert un vote à l'unanimité* du Conseil des ministres*, tant en ce qui concerne la fiscalité directe qu'indirecte. *Voir Impôt européen*.*

➠ **Articles clés.** 90 et 93 CE, III-158, III-170 et 171 de la Constitution européenne*.

Fonction internationale des institutions de l'Union européenne

La procédure générale est régie par l'article 300 CE remanié par le traité* de Maastricht*. L'initiative et la négociation relèvent de la Commission européenne*, le Parlement européen (PE)* intervenant avant la décision de conclusion, laquelle appartient au Conseil des ministres* (décision à la majorité qualifiée*, sauf pour les accords d'association et pour certains accords requérant l'unanimité*). Certains accords sont conclus par la Commission seule, qui peut aussi conclure des accords sur délégation (accords modificatifs sur habilitation du Conseil). Enfin les accords dans le domaine de la politique commerciale* (art. 300 CE) sont conclus sans aucune intervention du PE. **La Constitution européenne* prévoit** d'améliorer cette situation grâce à la création d'un poste de ministre des Affaires étrangères* de l'Union.

→ **Articles clés.** III-323 à 328 de la Constitution européenne.

Fonction publique communautaire

Calquée sur le système unitaire et rigide français, la fonction publique communautaire est composée d'un cadre unique pour les trois communautés (avec quatre catégories A, B, C, D). Les fonctionnaires sont très majoritaires. Il y a aussi des agents temporaires (contrat de 5 ans maximum renouvelable une fois), des conseillers spéciaux (contrat de 2 ans, fonctions parallèles autorisées), des agents auxiliaires (emplois non inscrits au budget* ou à titre de remplacement d'un fonctionnaire provisoirement hors d'état d'exercer ses fonctions), des agents locaux (tâches d'exécution). De plus, la Commission européenne* utilise des « experts nationaux détachés » (durée limitée à 3 ans), des stagiaires, des volontaires du service national, des « experts de réunion ». Les contentieux relèvent du Tribunal de première instance*, voire en seconde instance de la Cour de justice des Communautés européennes (CJCE)*.

La préparation aux concours communautaires peut s'effectuer grâce à des formations spécifiques telles que : le Centre des Études européennes de Strasbourg (http://www.cees-europe.fr), le Collège d'Europe (http://www.coleurop.be) dont les campus sont à Bruges et Varsovie, l'Institut européen d'administration publique (http://www.eipa.nl) dont le siège central est à Maastricht.

→ **Articles clés.** III-285 (coopération administrative), III-375, III-398 (« Dans l'accomplissement de leurs missions, les institutions, organes et organismes de l'Union s'appuient sur une administration européenne ouverte, efficace et indépendante. »), III-427 (« La loi européenne fixe le statut des fonctionnaires de l'Union et le régime applicable aux autres agents de l'Union. »), III-430 et 431 de la Constitution européenne*.

Fondements de l'Union européenne

Ces fondements, valeurs communes aux Européens et qu'ont voulu défendre les pères de l'Europe*, sont la paix, la liberté, la démocratie, les droits de l'homme (d'où la Convention européenne des droits de l'homme* adoptée en 1950 par le Conseil de l'Europe*), l'État-providence (d'où la création de systèmes de protection sociale, à partir de 1945, et la création, en 1957, du Fonds social européen*).

➠ **Article clé.** I-2 de la Constitution européenne*.

Fonds de cohésion [*Cohesion Fund*]

Instrument financier mis en place par le traité* de Maastricht* et créé en 1994 pour aider les pays membres les moins riches à développer leurs infrastructures, ceci afin de leur permettre de rejoindre leurs partenaires et de réaliser l'Union économique et monétaire (UEM)*. Doté d'un budget de 15 milliards d'euros étalé sur 7 ans, il a bénéficié, jusqu'à présent, à l'Espagne, au Portugal, à la Grèce et à l'Irlande, renforçant ainsi la politique régionale* de l'Union européenne (UE)*.

➠ **Articles clés.** III-221 à 224 de la Constitution européenne*.

Fonds européen de coopération monétaire (FECOM) [*European Monetary Cooperation Fund – EMCF*]

Issu de l'échec du « serpent monétaire européen »* et du règlement du Conseil des ministres d'avril 1973, le FECOM est un mécanisme communautaire. Comme le Comité monétaire et le Comité des gouverneurs des banques centrales, le FECOM a disparu à partir de l'entrée en vigueur, le 1er janvier 1994, de la deuxième phase de l'Union économique et monétaire (UEM)*. Leurs attributions ont été reprises par l'Institut monétaire européen (IME)*, lequel a fonctionné durant la deuxième phase précédant le Système européen de banques centrales (SEBC)* et la Banque centrale européenne (BCE)*.

Fonds européen de développement (FED) [*European Development Fund – EDF*]

Non intégrés dans le budget de l'Union européenne (UE)*, ses crédits sont utilisés pour assurer le financement des États associés dans le cadre des conventions de Yaoundé (1963-1969, 1969-1975) puis de Lomé (1975-1980, 1979, 1984, 1990, 1995), enfin de l'accord de Cotonou (juin 2000). Ce dernier, signé pour vingt ans, consacre l'adhésion de six nouveaux territoires du Pacifique Sud, portant à 77 le nombre de partenaires ACP (Afrique-Caraïbes-Pacifique). Les Territoires d'outre-mer (TOM) sont éligibles à ce programme. Le FED est financé par des contributions des États membres réparties selon une clé spécifique. *Voir Politique européenne de développement*.*

➠ **Articles clés.** III-286 à 291 (l'association des pays et territoires d'outre-mer), III-292 de la Constitution européenne*.

Fonds européen d'investissement (FEI) [*European Investment Fund – EIF*]

Créé en 1994, c'est une institution financière qui associe la Banque européenne d'investissement (BEI)*, laquelle est actionnaire majoritaire, la Commission européenne* et un groupe de 28 institutions financières provenant de tous les pays membres de l'Union européenne (UE)*. Le FEI a pour mission d'accorder des garanties, essentiellement pour les Petites et moyennes entreprises (PME)* européennes, et d'aider au financement de ces dernières. Pour le compte de la BEI, il gère le mécanisme européen de technologie (*ETF, European Technology Facility*) ainsi que, en accord avec l'UE, le programme « Croissance et environnement pour les PME » (capital-risque). *Voir Observatoire européen des PME*.*

➠ **Siège.** Luxembourg.

 **Internet.** http://www.eif.org
Source. http://europa.eu.int

Fonds européen d'orientation et de garantie agricole (FEOGA) [*European Agricultural Guidance and Guarantee Fund – EAGGF*]

Créé en 1962, le FEOGA est l'instrument financier de la Politique agricole commune (PAC)*. Depuis 1964, il est divisé en deux sections. La section garantie est destinée à soutenir les marchés, la section orientation encourage le développement rural.

Article clé. III-221 de la Constitution européenne*.

Fonds social européen (FSE) [*European Social Fund*]

Créé en 1958, cet instrument financier des actions communautaires a plusieurs missions qui sont : l'aide à l'insertion professionnelle, la lutte contre le chômage et l'amélioration du fonctionnement du marché de l'emploi. Il apporte un soutien aux régions de l'Union européenne (UE)* les plus touchées par le chômage et lutte contre la discrimination et les inégalités sur le marché du travail.

Articles clés. 146 CE, III-221 de la Constitution européenne*.

Fonds structurels

Répartis entre le Fonds européen de développement régional (FEDER), le Fonds social européen (FSE)*, le Fonds européen d'orientation et de garantie agricole (FEOGA)* et l'Instrument financier d'orientation de la pêche (IFOP)*, ces fonds structurels offrent des aides non remboursables pour cofinancer avec les États membres les actions de développement. Hormis ces aides, d'une part la Banque européenne d'investissement (BEI)* octroie des prêts, d'autre part le traité de Maastricht* a institué un Fonds de cohésion* destiné à préparer les pays dont le PIB par habitant n'atteint pas 90 %

de la moyenne de l'Union, à entrer dans l'Union économique et monétaire (UEM)*.

➠ **Article clé.** III-221 de la Constitution européenne*.

Formulaire E 111

Délivré par la sécurité sociale de chacun des pays membres de l'Union européenne (UE)*, il permet au voyageur d'être pris en charge dans tous les hôpitaux publics de la communauté. Depuis juin 2004, il a été remplacé par la Carte européenne d'assurance maladie (CEAM)*.

Franc

Né en 1360, sous Jean II Le Bon (1319-1364), le franc a été la monnaie de la France jusqu'au 17 février 2002 (subdivision de l'euro* du 1/01/1999 à 2002). Cette monnaie a été frappée pour payer l'énorme rançon du roi, fait prisonnier par les Anglais après la bataille de Poitiers (1356). Comme l'explique Patrice Cahart (*Le Monde*, 23/11/2001), « franc » signifie « libre », comme dans « franc-tireur » ou « affranchir ». C'est à cause de cette résonance que Napoléon Bonaparte a adopté une telle dénomination pour remplacer la livre d'ancien régime, tout en lui conservant la même valeur.

Géographie de l'Europe

L'Europe* s'étend de l'Atlantique à l'Oural. Elle couvre 10 millions de km^2 et représente seulement 6,75 % des terres émergées. Considérée parfois comme une péninsule de l'Asie à laquelle elle est largement rattachée, l'Europe est un continent morcelé qui s'étend sur des îles assez éloignées, à l'instar de la Crète et des îles Canaries. Découpée en de

nombreuses presqu'îles et trouée de mers intérieures comme la Méditerranée, elle est très peuplée : environ 800 millions d'habitants, ce qui fait d'elle le troisième foyer de peuplement après la Chine et l'Inde.
Les **reliefs** et les **climats** de l'Europe sont très divers. Grâce à une façade maritime importante, le vieux continent est très ouvert sur le monde. Presque entièrement située en zone tempérée, sa moitié occidentale bénéficie d'un climat océanique doux et pluvieux (forêts de feuillus et prairies dominent le paysage). Le climat continental règne au centre et à l'est, les hivers étant froids et enneigés. Au sud de l'Europe, le climat est méditerranéen.
Les **villes** forment des ensembles concentrés (Londres, Paris) ou disposés en ruban urbain (Rhénanie, Italie du Nord). La diversité des groupes ethno-culturels (nordique, slave, méditerranéen...) est symbolisée par le nombre de langues parlées sur la totalité du continent, soit environ 120 langues et dialectes (source : Europa-planet.com).
Dans la préface du livre d'Antoine Bailly* et Armand Frémont*, Jean-Louis Guigou définit ainsi les Européens : « Ces **peuples** sont plutôt sédentaires, attachés à la terre et au patrimoine ; ils privilégient la mixité des villes entre les catégories sociales, les activités, tout autant que la centralité urbaines ; les espaces publics ou collectifs y sont abondants. Toutes ces caractéristiques les opposent au peuple du continent nord-américain, beaucoup plus nomade. »

Géopolitique de l'Union européenne

L'Europe* tire sa puissance des grandes découvertes et de la colonisation. Au début du XXIe siècle, ce prestige à l'origine du progrès et de l'expansion de grands pays concurrents, est menacé. Selon Philippe Moreau Defarges*, le grand dessein de l'Union européenne (UE)* est l'insertion économique et politique de sa périphérie, du Maroc à la Russie, dans les flux mondiaux. Cela signifie que la notion de partenariat* doit, pour certains pays candidats, se substituer à l'adhésion* à l'UE. Ainsi les associations spécifiques peuvent concerner tout à la fois les pays méditerranéens (exemple le Maroc), la Turquie (qui a moins de 5 % de son territoire en Europe et qui a des frontières communes avec la Géorgie, l'Arménie, l'Iran, l'Irak et la Syrie), l'Ukraine, la Russie et le Belarus. Accepter l'un de ces pays — à commencer par la Turquie — serait opérer une métamorphose géopolitique qui risquerait de mettre en péril l'UE et l'identité européenne*.

Héritage communautaire

Cet héritage communautaire repose sur des équilibres institutionnels : partage de la fonction gouvernementale, vote à la majorité qualifiée* au Conseil des ministres*, codécision* législative et budgétaire entre Conseil et Parlement européen (PE)*, garantie d'une autorité juridictionnelle indépendante (Cour de justice des Communautés européennes - CJCE*) et institution d'une Banque centrale européenne (BCE)* indépendante. En ce qui concerne le facteur historique, la Constitution européenne* ne mentionne pas l'héritage chrétien de l'Europe (la France et la Belgique s'y étant opposées), mais évoque les « héritages culturels, religieux et humanistes de l'Europe. »

➡ **Articles clés.** Préambule et I-2 (Les valeurs de l'Union) de la Constitution européenne.

Hiérarchie des normes

Située au sommet de la hiérarchie, la Constitution européenne* retient cinq catégories d'actes juridiques (art. I-33) : les lois européennes* (ex règlements*), les lois-cadres* (ex directives*), les règlements (pour la mise en

œuvre d'une loi ou d'une loi-cadre), les décisions*, les recommandations* ou avis*. Elle clarifie ces actes juridiques à travers deux distinctions successives :

1/ entre les actes juridiquement contraignants (lois européennes, lois-cadres, règlements et décisions) et les actes non contraignants (avis et recommandations) ;

2/ au sein des actes juridiquement contraignants, entre actes législatifs (lois, lois-cadres : art. I-34) et actes non législatifs (règlements et décisions : art. I-35).

Source. Parlement européen, Task Force Convention, Résumé de la Constitution adoptée par le Conseil européen de Bruxelles des 17 et 18 juin 2004*. *Voir Sources du droit communautaire*.*

Articles clés. I-33 à 39 de la Constitution européenne.

Histoire (brève) de l'Europe

La culture* de l'Europe* fait son identité*. L'une et l'autre se sont constituées au fil des siècles par une histoire commune faite d'installations successives de peuples, de créations d'États ou d'empires, de conflits souvent destructeurs, enfin par l'évolution d'une civilisation commune, riche de penseurs, savants et artistes.

Les premières grandes civilisations européennes

Vers 2000 avant Jésus-Christ (J.-C.), c'est-à-dire l'âge du bronze, les Celtes s'étendent des Scythes à l'océan Atlantique. Vers 1000 av. J.-C. (âge du fer), les Grecs créent des colonies de l'Asie Mineure à l'Espagne pour commencer, et fondent les bases de la pensée et de l'art européens. De - 100 à 400 apr. J.-C., l'Empire romain construit son « limes » (frontière faite de murailles et de fortins) qui va de l'Afrique du Nord à la Grande-Bretagne, l'Espagne et la Roumanie. À partir de 400 environ, sous les invasions « barbares » (les Romains désignaient ainsi tous les non-Romains), les populations passent sous l'influence des Églises chrétiennes (476 = chute de l'Empire romain). Vers 800, Charlemagne (considéré comme ancêtre par les Français et les Allemands) devient le premier unificateur de l'Europe, assurant l'unité politique et religieuse de l'Occident chrétien face à l'Orient.

De la fin du Moyen Âge à la chute de Constantinople (1453)

À partir de l'an 1000, de l'ouest à l'est et du nord au sud, seigneurs et Églises se taillent des domaines, et les suzerains les plus importants des royaumes. L'Europe se dessine avec ses États ou ses agrégats d'États comme l'Allemagne et l'Italie (unifiés tardivement, au XIXe siècle). Le commerce est actif, la bourgeoisie s'enrichit. Le christianisme joue un rôle majeur par ses principes moraux qui sous-tendent les rapports sociaux et politiques et installent les fondements de ce que nous appelons la civilisation judéo-chrétienne. Constantinople et l'Empire byzantin tombent en 1453 et arrêtent ainsi, bien involontairement, l'avance turque.

De la Renaissance au siècle des Lumières

En 1454, le pape tente l'union de ce qu'il appelle l'« Europe » pour la protéger. En 1492, tandis que l'Espagne refoule les musulmans en Afrique du Nord, Christophe Colomb découvre l'Amérique. L'Europe asservit le monde qu'elle conquiert et ainsi se fonde l'esprit colonial qui fait, lui aussi, partie de sa culture. L'homme issu de cette civilisation où les richesses s'accumulent, prend de l'importance en tant que tel et « l'humanisme » soutient le libre arbitre et la liberté de pensée ; c'est l'époque de la Renaissance et de la Réforme. On redécouvre la rhétorique classique qui forme des orateurs, des écrivains, des avocats, des politiques, tous issus de la culture ecclésiastique. Malgré les terribles fractures provoquées par les guerres de religion entre royaumes catholiques et protestants, la même culture fondée sur le latin rassemble les pays européens. Le sentiment d'appartenance à une Europe est très vif dans les classes cultivées. Au XVIIIe siècle, s'inspirant des pratiques anglaises et de la toute jeune Constitution américaine (1787), les philosophes et révolutionnaires français popularisent en

Europe une nouvelle perspective qu'ils veulent fondatrice et universelle : les droits de l'homme.

XIXe-XXe siècle : Mitteleuropa et suicide collectif

En dévastant l'Europe par le feu et le sang, Napoléon Ier développe les nationalismes et fait l'unanimité contre lui. Dans la seconde moitié du XIXe siècle, l'Empire austro-hongrois fédère, mais d'une manière conflictuelle, les autres nations de l'Europe centrale. Ainsi naît le concept de « Mitteleuropa » dans de grandes capitales culturelles comme Vienne, Prague ou Budapest. Un bouillonnement culturel accompagne la révolution industrielle, née en Angleterre, et la misère ouvrière qui suit. Les travailleurs s'organisent dans chaque État pour lutter contre leur exploitation. Jusqu'en 1914, les pays industriels colonisateurs dominent le monde. Ils exploitent l'Afrique et l'Asie, se font durement concurrence et provoquent les tragédies. Les deux grandes guerres européennes (1914-1918 et 1939-1945) sont nées de ces rivalités.

La nouvelle Europe d'après 1945

La victoire contre le nazisme renforce la puissance des États-Unis et contraint l'Europe à se reconstruire, unie, avec une obsession : la paix. Le but des Pères de l'Europe* est d'empêcher les guerres futures en proposant aux pays européens de l'ouest, du fait de la guerre froide, de reconstruire ensemble leurs pays détruits. La première phase sera la coopération économique, suivie aujourd'hui de l'union politique.

Source. Roger Favry*.

Hymne européen

Tirée de la *Neuvième symphonie* (1823) de Ludwig van Beethoven (Bonn 1770-Vienne 1827), l'*Ode à la joie* est initialement un poème écrit en 1785 par Friedrich von Schiller (Marbach 1759-Weimar 1805). Il exprime une vision idéaliste et fraternelle de la race humaine. Telle est la raison pour laquelle le Conseil de l'Europe*, en 1972, a choisi ce thème musical pour en faire son propre hymne. Celui-ci est devenu l'hymne officiel de la Communauté européenne (CE)* en 1985. La même année, le drapeau européen* est devenu l'emblème officiel de la CE. *Voir Identité européenne*.*

➡ **Article clé.** I-8 de la Constitution européenne*.

Idéal européen

Rêve ancien qui tire son origine de la mythologie grecque (Europe, fille d'Agénor, roi de Tyr), l'idéal européen se traduit par l'unification de l'Europe*. Il passe par plusieurs étapes. À la fin du Moyen Âge, l'idée européenne apparaît comme une réaction des penseurs contre le morcellement politique croissant de la chrétienté, laquelle va connaître une scission lors de la Réforme, au XVIe siècle. Au XVIIIe siècle, les philosophes des Lumières font réapparaître cet idéal sous la forme d'une conscience européenne – émergente – qui rebondit au siècle suivant par l'intermédiaire de Victor Hugo (1851) et d'Ernest Renan (1870). Enfin, au XXe siècle, après l'échec des deux guerres mondiales, l'idéal européen renaît sous l'impulsion des Pères de l'Europe* qui parviennent à convaincre leur peuple de la nécessité de créer l'Europe communautaire, d'abord par l'intermédiaire de l'économie.

Identité européenne

Notion en devenir, l'identité européenne tire son origine tant de l'histoire* et de la culture* que de la géopolitique*. Certes il n'existe pas encore d'État européen, mais la création des institutions européennes depuis le Congrès de La Haye (1948) esquisse une identité européenne tiraillée entre deux concepts : la supranationalité (vision d'avenir) et la souveraineté nationale (vision traditionnelle). Ces deux concepts se rejoignent par l'intermédiaire de l'approche intergouvernementale, laquelle a inspiré la signature des accords de Schengen* (1985) qui confèrent une certaine réalité à l'Union européenne (UE)* en tant qu'entité territoriale. En revanche, l'absence de langue commune, la diversité des pratiques juridiques et la représentation différente de l'histoire (celle-ci est remplie, jusqu'en 1945, de guerres entre les nations) entravent l'identité culturelle européenne. Cependant l'expérience de l'Europe* occidentale depuis le mouvement des Lumières au XVIIIe siècle, et plus encore depuis la fin de la Seconde Guerre mondiale, forge l'identité de la « république européenne » telle qu'elle était rêvée par les penseurs du XXe siècle. En réalité, l'identité socio-économique et culturelle d'aujourd'hui est appelée à se transformer... peut-être en États-Unis d'Europe. Signes distinctifs de cette identité : le drapeau*, l'hymne*, l'euro*, et la fête du 9 mai célébrée dans toute l'Union comme la journée de l'Europe.

→ **Article clé.** I-8 (les symboles de l'Union) de la Constitution européenne*.

Immigration

→ **Articles clés.** 61 à 69 CE, III-265 à 268 de la Constitution européenne*.

Voir Convention de Schengen, Libre circulation des personnes*, Justice et affaires intérieures (+ coopération policière et judiciaire en matière pénale)*, Eurodac*.*

Impôt européen

Projet de taxe commune défendu par certains Européens, notamment Romano Prodi, ancien président de la Commission européenne*. Selon Michel Rocard, ancien Premier ministre français, et Pierre Larrou-Turou, Porte-parole de l'Union pour l'Europe* sociale, cet impôt permettrait de financer quatre priorités : la recherche*, la défense*, la réussite de l'élargissement* de l'Union européenne (UE)* et l'aide* au développement. Cette idée repose sur un principe simple : substituer aux ressources propres* actuelles, système complexe remis en cause par certains États, un impôt unique directement voté et prélevé par l'UE. D'après un sondage de mai 2004, les Français sont opposés à 63 % à la création de l'impôt européen.

Institut monétaire européen (IME) [*European Monetary Institute – EMI*]

Durant la période transitoire, l'IME a préfiguré la Banque centrale européenne (BCE)* et a disparu lors de l'entrée en vigueur de la 3e phase de l'Union économique et monétaire (UEM)*, c'est-à-dire en 1999. Doté d'un seul organe, le Conseil qui comprenait le président de l'IME et les gouverneurs des banques centrales nationales, l'IME avait des fonctions techniques, opérationnelles et consultatives. À ce titre, il examinait la politique monétaire et la politique de change des États membres. Le Néerlandais Wim Duisenberg a été le dernier président de l'IME et le premier président de la BCE.

Instrument financier d'orientation de la pêche (IFOP)

Créé en 1993, l'IFOP finance des actions d'aide à la formation aux entreprises* dans le secteur de la pêche et de l'aquaculture (*voir Politique commune de la pêche**).

Journal officiel des Communautés européennes (JOCE)

Point d'accès unique à l'ensemble des textes juridiques de l'Union européenne (UE)* dans toutes les langues officielles, le JOCE a été remplacé par le *Journal officiel* de l'Union européenne (JOUE)*.

Journal officiel de l'Union européenne (JOUE) [*Official Journal of the European Union*]

A remplacé le *Journal officiel* des Communautés européennes (JOCE)* depuis l'entrée en vigueur du traité* de Maastricht*. Le JOUE est publié chaque jour en 20 langues européennes*. Il se compose d'une **série L** (Législation = texte intégral adopté par les institutions européennes. Exemples : règlements*, directives*, décisions*), d'une **série C** (Communication = informations, travaux préparatoires et avis*, rapport de toutes les propositions de législation de la Commission européenne*, des séances du Parlement européen* et de la Cour de justice des Communautés européennes*) et d'une **série S** (Supplément = publication sous CD-ROM des différents actes détaillant les appels à propositions issus de l'Union européenne (UE)* dans le domaine de la coopération avec les pays en développement ou en crise, ainsi qu'avec les pays associés). Eur-Lex est le portail d'accès au droit de l'UE.

➡ **Internet.** www.europa.eu.int/eur-lex/fr, http://publications.eu.int

Juridictions

Voir la Cour de justice des Communautés européennes (ou Cour de justice européenne selon la Constitution européenne*), le Tribunal de première instance* (ou futur Tribunal de grande instance), et les tribunaux spécialisés.*

Jurisprudence de la CJCE

La Cour de justice des Communautés européennes (CJCE)* fait évoluer le droit communautaire* par ses arrêts, lesquels influencent les doctrines nationales. Les arrêts suivants exposent les principes essentiels repris progressivement par les juridictions nationales ou par les traités*.

- CJCE, 1963, Van Gend en Loos : principe d'applicabilité directe du droit communautaire.
- CJCE, 1964, Costa c/Enel : principe de l'immédiateté du droit et de la primauté communautaire.
- CJCE, 1969, affaire Stauder : la Cour se reconnaît compétente en matière des droits de l'homme. Dès lors, les droits fondamentaux font partie des principes généraux du droit communautaire.
- CJCE, 1978, Simmenthal : principe du droit communautaire qui s'applique aux particuliers dans leurs relations entre eux.
- CJCE, 1980, Roquette : consultation obligatoire du Parlement européen (PE)*, débouchant sur une censure par la CJCE en cas de non-respect de la procédure.
- CJCE, 1985, Parlement c/Conseil : recours en carence du Conseil en matière de politique commune des transports.
- CJCE, 23 avril 1986, Les verts : Consécration des fonctions constitutionnelles de la CJCE (« La Communauté économique européenne est une communauté de droit en ce que ni ses États membres, ni ses institutions n'échappent au contrôle de la conformité de leurs actes à la charte constitutionnelle de base qu'est le traité. »).
- CJCE, 1988, Murphy : en cas de doute sur le sens d'une disposition nationale, le juge national interprète la disposition à la lumière du droit communautaire.
- CJCE, avril 1998, Greenpeace : capacité pour les personnes ou les associations de saisir la Cour pour annuler une decision de la Commission.

- CJCE, avril 1998, Kohl : des ressortissants communautaires peuvent se faire soigner dans un autre État membre et se faire rembourser selon les tarifs de l'État d'affiliation.
- CJCE, mai 1998, Martinez Sala : chaque ressortissant d'un État membre peut faire valoir sa citoyenneté européenne pour attaquer toute discrimination fondée sur sa nationalité par un autre État membre.
- CJCE, juin 1998, Mary Brown : pas de licenciement d'une femme enceinte.
- CJCE, janvier 2000, Kreil : la loi allemande qui exclut les femmes d'un emploi dans les forces armées est contraire au droit communautaire sur l'égalité de traitement entre hommes et femmes.

Justice et affaires intérieures (+ coopération policière et judiciaire en matière pénale)

Voir *Traité* de Maastricht** et *Traité d'Amsterdam**, certains secteurs ayant été déplacés dans le cadre communautaire (asile, immigration*, franchissement des frontières extérieures, coopération judiciaire civile), troisième pilier*. **La Constitution européenne* prévoit** de subordonner l'action de l'Union européenne (UE)* aux droits fondamentaux*, de consacrer les politiques en matière d'asile et d'immigration comme politiques communes*, enfin de faire passer à la majorité qualifiée* les dispositions relatives à la coopération judiciaire en matière pénale (mais maintien de l'unanimité* dans certains domaines, exemples les aspects transfrontaliers du droit de la famille et l'ensemble de la coopération policière). La création d'un **parquet européen** destiné à combattre les infractions portant atteinte aux intérêts financiers de l'UE est également prévue.

→ **Articles clés.** 29 à 42 TUE, I-3 (« L'Union offre à ses citoyens un espace de liberté, de sécurité et de justice sans frontières intérieures. »), I-42, II-107 à 110 (Charte des droits fondamentaux*), III-257 à 277 de la Constitution européenne*.

Langues européennes

Dans l'Union européenne (UE)* à 25, il y a 20 langues officielles : espagnol, danois, allemand, grec, anglais, français, italien, néerlandais, portugais, finnois, suédois, tchèque, estonien, letton, lituanien, hongrois, maltais, polonais, slovaque, slovène. Parmi elles, l'anglais est la plus pratiquée. Elle est la langue maternelle de 16 % de la population de l'UE, mais 31 % supplémentaires possèdent des connaissances pour converser dans cette langue. Le français est parlé par 28 % de la population, dont plus de la moitié sont des locuteurs natifs. L'allemand est la langue maternelle de 24 % des citoyens de l'UE et 8 % supplémentaires la pratique comme « deuxième langue ». L'italien est la quatrième langue la plus répandue, suivie de l'espagnol (15 % de l'UE parle l'espagnol, 11 % au titre de langue maternelle et 4 % comme langue étrangère). La moitié des Européens sont déjà multilingues (45 % sont capables de converser dans une langue autre que leur langue maternelle). La plupart des personnes interrogées (source : http://www.europa.eu.int, 26/04/2004) répondent que les langues les plus utiles à connaître sont l'anglais (69 %), le français (37 %) et l'allemand (26 %).

➠ **Articles clés.** I-3 (Parmi les objectifs de l'Union : le respect de « la richesse de sa diversité culturelle et linguistique »), III-128, III-433 (régime linguistique des institutions de l'Union) de la Constitution européenne*.

Libre circulation des personnes

C'est l'une des expressions les plus importantes de la citoyenneté* européenne.

Voir Traités de Maastricht et d'Amsterdam*.*

➠ **Articles clés.** 39 CE, I-3 et 4, III-133 à 150, III-257 de la Constitution européenne*.

Life

Instrument financier destiné à soutenir les actions de protection de l'environnement* dans l'Union européenne (UE)* et chez ses voisins directs. Ce programme vise aussi à faciliter l'intégration de l'environnement et du développement durable dans les autres politiques de l'UE.

➡ **Internet.** http://europa.eu.int

Livre blanc

Publié par la Commission européenne* et inscrit parfois dans le prolongement d'un Livre vert*, le Livre blanc est un ensemble de propositions pratiques pour l'Union européenne (UE)* reprenant les conclusions d'un débat préalable. Le Livre blanc le plus célèbre a été rédigé en 1985 afin de donner une nouvelle impulsion à l'Europe* ; il contenait 279 propositions de directives* nécessaires à l'achèvement du marché intérieur*. Il a donc inspiré l'Acte unique européen*.

Livre vert

Document publié par la Commission européenne* et dont le but est de stimuler une réflexion et de lancer une consultation au niveau européen sur un sujet particulier. Le Livre vert précède le débat, pouvant donner lieu à des propositions (Livre blanc*).

Lobbies européens

Groupes de pression qui interviennent auprès des différentes instances communautaires (notamment la Commission européenne* et le Parlement européen*), surtout depuis le début des années 1990. Ces lobbies défendent essentiellement les intérêts des investisseurs-spéculateurs qui ne sont pas forcément ceux des entreprises, des consommateurs ou des citoyens.

Les lobbies sont généralement des bureaux d'étude, des cabinets de conseil, des agences de relations publiques. À

Bruxelles, le lobbying est une véritable industrie. Selon Malfa Dos Santos, rédactrice en chef de *The European Public Affairs Directory*, l'annuaire de référence des lobbies européens, « si l'on additionne les groupements professionnels, les entreprises, les syndicats, les ONG, les consultants et les cabinets d'avocats, près de 4 500 sociétés et associations sont présentes à Bruxelles et y emploient environ 10 000 personnes. » (*Le Nouvel Observateur*, 28/08/2003). Paradoxe : alors que les Français sont peu représentés, l'Institut supérieur du management public et politique (ISMAPP), implanté en 1998 à Bruxelles et spécialisé dans l'enseignement des « *public affairs* », est 100 % français.

Lobbies les plus présents

Table ronde des industriels européens [*European Round Table - ERT*] ou lobby des grands patrons, Union des Confédérations industrielles et patronales européennes (UNICE*), Fédération européenne de la chimie, Copa (lobby des agriculteurs européens), ACEA (Association des fabricants d'automobiles), AMCHAM (Comité européen des Chambres américaines sur le commerce).

Loi-cadre européenne

Voir Directive.*

Loi européenne

Chaque loi européenne a pour origine une proposition de la Commission européenne*. Le Parlement européen (PE)* donne son avis*, puis le Conseil des ministres* vote, en tenant compte de l'avis du PE en vertu du droit de codécision*. En effet, la majorité des propositions de loi suivent ce processus. La loi européenne est un terme qui jusqu'à présent a recouvert plusieurs possibilités : le règlement*, la directive*, la décision* et enfin la recommandation* et l'avis*. Avec la Constitution européenne*, la loi européenne deviendra un acte législatif de portée générale, obligatoire dans tous ses éléments et directement applicable dans tous les États membres (selon le schéma de l'actuel règlement), tandis que la loi-cadre européenne* se rapprochera plus de l'actuelle directive.

→ **Articles clés.** I-33 à I-39 de la Constitution européenne.

Majorité qualifiée (aussi dite renforcée)

Alors que la majorité simple (ou relative) est un nombre de voix supérieur à celui qu'obtiennent les concurrents (dans une élection ou un référendum), et que la majorité absolue correspond au nombre de voix supérieur à la moitié du suffrage exprimé (au moins 50 % des voix plus une), la majorité qualifiée est un nombre de voix supérieur à la majorité absolue (par exemple 60 %, 2/3, etc.).

S'agissant de l'Union européenne (UE)*, la majorité qualifiée correspond au nombre de voix qui doit être atteint, au sein du Conseil [des ministres*], pour qu'une décision soit adoptée lorsque les délibérations se font sur base de l'article 205 CE. **Depuis le 1er novembre 2004**, date à laquelle entrent en vigueur les dispositions du traité* de Nice* concernant la prise de décision au Conseil, le nombre de voix attribué à chaque État membre est repondéré (système de double majorité). **Deux conditions doivent être réunies :** (1) la décision doit recueillir au moins 232 voix correspondant aux deux tiers des membres c'est-à-dire au seuil de majorité qualifiée (dans une UE à 25, la pondération des voix au Conseil représente désormais un total de 321 voix : 29 pour les grands pays dont la France, 3 pour le plus petit, à savoir Malte) ; (2) la décision doit recueillir le vote favorable de la majorité des États membres, ces derniers devant représenter au moins 62 % de la population totale de l'Union.

La Constitution européenne* prévoit l'extension du vote à la majorité qualifiée afin de favoriser les prises de décision. La formule retenue est la suivante : 55 % des membres du Conseil, soit au moins 15 États représentant au moins 65 % de la population totale de l'UE. La minorité de blocage (35 % de la population) devra inclure au moins 4 États membres. « Lorsque le Conseil ne statue pas sur proposition de la Commission* ou du ministre des Affaires étrangères de l'Union*, la majorité qualifiée se définit comme étant égale à au moins 72 % des membres du Conseil représentant des États membres réunissant au moins 65 % de la population de l'Union. » (art. I-25)

➡ **Articles clés.** I-25, I-44 de la Constitution européenne.

Marché intérieur (ou unique)

« Espace sans frontières intérieures dans lequel la libre circulation des marchandises, des personnes, des services et des capitaux est assurée. » (Acte unique européen – AUE*, 1985) À l'origine de l'Union européenne (UE)*, la libre circulation des marchandises s'est fondée sur la réalisation d'une union douanière (01/07/1968) et non d'une simple zone de libre-échange (d'où une protection unique et commune aux frontières de la Communauté*). Le marché intérieur, qui est la seconde étape, est réalisé dans son principe depuis le 1er janvier 1993, l'intervention de l'Union se traduisant surtout par des directives* qui harmonisent les législations nationales. L'AUE a défini les conditions de passage à un authentique espace sans frontières intérieures : « le grand marché intérieur ». La Politique commerciale commune* est le volet externe du marché intérieur, bien que les États conservent la maîtrise de la « politique d'exportation ».

Un bilan annuel de la « stratégie pour le marché intérieur » est effectué par la Commission européenne* depuis 1999.

➡ **Articles clés.** I-3 (les objectifs de l'Union), I-14 (compétence partagée), III-130 à 176 de la Constitution européenne*.

Mécanisme d'alerte précoce

Clause de la Constitution européenne* concédée aux Parlements nationaux. Il est prévu que ceux-ci soient informés en temps réel par la Commission européenne* de toutes les propositions de loi. Ils pourront donc bloquer celles qui empiètent sur les compétences des États. En bref, c'est une concession aux souverainistes.

➡ **Articles clés.** IV-443 et 444 de la Constitution européenne.

MEDA (Règlement)

Établi en 1996, MEDA est le principal instrument de la coopération économique du partenariat euro-méditerranéen. Il permet à l'Union européenne (UE)* d'apporter une aide financière et technique aux pays du sud de la Méditerranée (Algérie, Chypre, Égypte, Israël, Jordanie, Liban, Malte, Maroc, Syrie, Territoires palestiniens, Tunisie et Turquie). Inspiré des programmes TACIS* et PHARE (notamment en matière de transparence et d'information), ce règlement prévoit un soutien à la démocratie et à la stabilité politique, en prévision de la création, en 2010, de la zone de libre-échange euro-méditerranéenne. Les financements, sous forme d'aides non remboursables gérées par la Commission européenne* ou de capitaux à risque accordés et gérés par la Banque européenne d'investissement (BEI)*, se traduisent par des actions diverses : appui aux Petites et moyennes entreprises (PME)*, ouverture des marchés, encouragement des investissements privés et de la coopération industrielle, mise à niveau des infrastructures économiques, y compris les systèmes financiers et fiscaux.

➡ **Source.** www.europa.eu.int/scadplus

Médiateur européen [*European Ombudsman*]

Intermédiaire entre les citoyens et les autorités européennes, le médiateur, dont la fonction a été créée par le traité* de Maastricht*, est élu et nommé par le Parlement européen

(PE)* pour un mandat de cinq ans. Chargé d'enquêter sur des cas de mauvaise administration de la part des institutions et organes communautaires, il reçoit des plaintes et peut être saisi par les personnes résidant dans l'Union européenne (UE)*, les entreprises*, les associations ou les collectivités ayant leur siège dans l'UE.

Articles clés. 21 CE, I-10, I-49, II-103 (Charte des droits fondamentaux*), III-335 de la Constitution européenne*.

Siège. Strasbourg, France (Le Médiateur européen - 1, avenue du Président Robert Schuman - BP 403 - F-67001 Strasbourg cedex - tél. : 03 88 17 23 13)

Internet. http://www.euro-ombudsman.eu.int

Micro-États européens

Monaco, San Marin et Andorre ne cherchent pas à rejoindre l'Union européenne (UE)* car ils bénéficient déjà d'une intégration économique partielle. Quant au Liechtenstein, il fait partie de l'Association européenne de libre-échange (AELE)* et de l'Espace économique européen (EEE)*.

Ministre des Affaires étrangères de l'Union

Depuis le traité* d'Amsterdam*, il existe un haut représentant pour la Politique étrangère et de sécurité commune (PESC)*. **La Constitution européenne* prévoit** la création du poste de ministre des Affaires étrangères de l'Union. Son titulaire, de droit l'un des vice-présidents de la Commission européenne*, sera nommé (avec l'accord du président de la Commission) par le Conseil européen* statuant à la majorité qualifiée*. Il participera donc aux travaux du Conseil des ministres*, présidera le (nouveau) Conseil des affaires étrangères et assurera la convergence des politiques étrangères de l'Union européenne (UE)*. De fait, il disposera de la double casquette de l'intergouvernementalité (vote du Conseil européen) et de la supranationalité (approbation du président de la Commission pour sa désignation). Il s'appuiera sur un service diplomatique européen réunissant les agents du Conseil, de la Commission et des États membres, et englobant les représentations de l'UE à l'étranger.

➡ **Article clé.** I-28 de la Constitution européenne.

Mythe fédérateur

Terme constant dans le processus de construction européenne*, le mythe fédérateur se conjugue au pluriel. En effet, plusieurs mythes se sont succédés pour faire avancer le projet européen : la disparition des droits de douane, la création du marché intérieur* (ou unique), puis l'introduction de l'euro* en 1999. Aujourd'hui certains politiciens se demandent quel est le prochain mythe. L'Europe politique grâce à la Constitution européenne* ?

Nature juridique de l'Union européenne

L'Union européenne (UE)* n'est ni une organisation internationale (d'abord parce qu'elle a pour mission d'organiser des relations non seulement entre les États membres mais aussi entre les peuples), ni un État fédéral (malgré des mécanismes tirés des systèmes fédéraux – intégration, primauté, étendue du contrôle juridictionnel –, l'UE n'a pas de véritable Politique étrangère et de sécurité commune - PESC*), ni une confédération (le premier objectif de celle-ci étant de mettre en commun des attributions en matière de PESC). Même si l'UE n'a pas explicitement de personnalité juridique, l'article 24 TUE prévoit la possibilité d'accords entre l'UE et des pays tiers, ce qui peut être considéré comme une capacité juridique internationale. **La Constitution européenne* prévoit** de doter l'UE de la personnalité juridique.

Source. http://european-convention.eu.int
Article clé. I-7 de la Constitution européenne.

Nouvel instrument communautaire (NIC)

Créé en 1978, le NIC a pour fonction de participer au financement de projets d'investissement (notamment ceux de la Banque européenne d'investissement – BEI*) qui contribuent à augmenter le degré de convergence et d'intégration des politiques économiques des pays membres de l'Union européenne (UE)*.

Observatoire européen de l'audiovisuel (OEA) [*European Audiovisual Observatory – EAO*]

Organisation européenne instituée en 1992 dans le cadre d'un accord partiel élargi du Conseil de l'Europe*, l'OEA est un centre unique de collecte et de diffusion de l'information sur l'industrie audiovisuelle en Europe*. Il compte actuellement 36 membres (35 États et l'Union européenne – UE*).

Siège. Strasbourg, France.
Internet. www.obs.coe.int

Observatoire européen des phénomènes racistes et xénophobes [*European Monitoring Center on Racism and Xenophobia – EUMC*]

Créé en 1997, cet observatoire fournit à l'Union européenne (UE)* et aux États membres des informations objectives. Pour ce faire, il met en place un réseau européen d'information sur le racisme et la xénophobie et établit une coopération informelle avec les pays candidats.

Siège. Vienne, Autriche.

Internet. http://www.eumc.eu.int

Observatoire européen des PME [*European Observatory for Small and Medium-Sized Enterprises – Observatory of European SMES*]

Créé en 1992 par la Commission européenne* afin de rédiger des rapports sur des questions relatives aux Petites et moyennes entreprises (PME) européennes*. Élaborés par des organismes indépendants, ces rapports sont destinés essentiellement aux décideurs politiques, aux chercheurs et aux PME. *Voir Fonds européen d'investissement**.

Siège. Bruxelles, Belgique.

Internet.
http://europa.eu.int/comm/enterprise/enterprise_policy/analysis/observatory.htm

Office de coopération EuropeAid [*EuropeAid*]

Créé le 1er janvier 2001 par décision de la Commission européenne* dans le cadre de la réforme de la gestion de l'aide extérieure. Service de la Commission (élément central de la réforme de celle-ci), EuropeAid est chargé de la mise en œuvre de l'ensemble des instruments d'aide extérieure de la Commission financés à partir du budget* de l'Union européenne (UE)* et du Fonds européen de développement (FED)*, à l'exception des instruments de pré-adhésion (Phare, Ispa, Sapard), des activités humanitaires, de l'aide macro-financière, de la Politique étrangère et de sécurité commune (PESC)* et de la facilité de réaction rapide. La création d'EuropeAid constitue un élément central du dispositif visant à améliorer les systèmes de gestion et à permettre à la Commission européenne, un des principaux contributeurs en matière d'aide publique au développement (10 % de l'APD dans le monde), d'appuyer le renforcement de la présence et de l'influence de l'UE sur la scène mondiale. Les activités d'EuropeAid couvrent les FED (États ACP) et environ 70 lignes budgétaires fondées sur plus de 80 bases légales. Plus de 150 États, territoires ou organisations sont bénéficiaires des aides gérées par l'Office.

Office européen de lutte anti-fraude (OLAF) [*European Anti-Fraud Office – OLAF*]

Créé en juin 1999 en remplacement de l'Unité de coordination de la lutte anti-fraude (UCLAF), l'OLAF est chargé d'enquêter sur toutes les activités financières susceptibles de nuire aux intérêts communautaires. À cet égard, il renforce l'action de la Cour des comptes européenne* qui se limite à contrôler et recommander une meilleure gestion des fonds communautaires. Situé en plein cœur du quartier européen de Bruxelles mais dépourvu de tout mur mitoyen afin d'éviter les écoutes, l'OLAF héberge environ 300 personnes, analystes qui luttent contre les filières du grand banditisme, à l'origine de trafics en tout genre. Les critiques du Parlement européen (PE)* envers l'OLAF reposent sur la lenteur supposée des enquêtes.

Voir Europol.*

Siège. Bruxelles, Belgique.
Internet. http://europa.eu.int/comm/anti_fraud
Article clé. III-415 (lutte contre la fraude).

Office européen des brevets (OEB) [*European Patent Office*]

L'OEB délivre des brevets européens pour les États parties à la Convention sur le brevet européen (CBE), signée le 5 octobre 1973 à Munich et entrée en vigueur le 7 octobre 1977. Il est l'organe exécutif de l'Organisation européenne des brevets, qui est une organisation intergouvernementale créée sur la base de la CBE et dont les 29 membres (la plupart appartiennent à l'Union européenne*) sont les États parties à la CBE. L'activité de l'OEB est contrôlée par le Conseil d'administration de l'organisation, composée des délégations des États contractants.

Siège et localisation. Munich, Allemagne ; La Haye, Pays-Bas.

Internet. www.european-patent-office.org

Article clé. III-176 (droits de propriété intellectuelle) de la Constitution européenne*.

Organisation de coopération et de développement économique (OCDE) [*Organisation for Economic Co-operation and Development – OECD*]

Héritière de l'Organisation européenne de coopération économique (OECE) née en 1948 pour répartir l'aide américaine du plan Marshall entre les États de l'Europe* de l'Ouest, l'OCDE est une organisation multilatérale. Elle existe depuis septembre 1961, date d'entrée en vigueur de la Convention de Paris du 14 décembre 1960. En 2004, elle regroupait 30 pays membres, dont plus de la moitié appartient à l'Union européenne (UE)* et les deux tiers à l'Espace économique européen (EEE)*. Sa mission est de promouvoir les politiques les plus adaptées pour réaliser l'expansion de l'économie, de l'emploi* et du commerce mondial. Ayant une fonction d'expertise, l'OCDE est réputée pour ses publications et ses statistiques sur des domaines qui couvrent tout le champ économique et social, les échanges, l'enseignement, le développement, la science et l'innovation.

Siège. Paris, France.
Internet. http://www.oecd.org

Organisation du traité de l'Atlantique Nord (OTAN) [*North Atlantic Treaty Organisation – NATO*]

Fondée en avril 1949 à Washington, l'OTAN (ou Pacte Atlantique) a pour but de « sauvegarder la paix et la sécurité et de développer la stabilité et le bien-être dans la région de l'Atlantique Nord ». Elle assure à l'Union européenne (UE)* l'alliance des États-Unis contre toute agression (et vice versa). À l'époque de la guerre froide, et en réplique à l'OTAN, les puissances communistes ont fondé en 1955 l'Organisation du pacte de Varsovie, dissoute après la chute du communisme. L'OTAN regroupe aujourd'hui 26 pays d'Amérique du nord et d'Europe*. Bien que restant membre de l'alliance, la France s'est retirée de l'OTAN (1966) dont le siège des organes du commandement a été transféré de Paris à Bruxelles. En 1996, la France a repris sa place au sein du Comité militaire, mais a posé des conditions à un retour complet : l'européanisation des commandements et la possibilité de conduire des missions en Europe sans les États-Unis. En mars 1999, l'OTAN s'est élargie avec l'adhésion de trois pays post-communistes : Hongrie, Pologne et République tchèque. La même année (23/03 au 10/06/1999), l'opération « Force alliée » en Yougoslavie (« guerre de Kosovo ») a transformé le rôle de l'OTAN : jusque-là sa vocation était la réplique à une agression ; en 1999 elle est intervenue dans la gestion d'une crise alors qu'aucun de ses membres n'était attaqué.

Voir Politique étrangère et de sécurité commune (PESC) et Politique européenne de sécurité et de défense (PESD)*.*

Siège. Bruxelles, Belgique.
Internet. http://www.nato.int

Organisation spatiale européenne

Marquée par l'histoire de l'Europe*, elle se compose de la dorsale européenne* (espace s'étendant du bassin de Londres jusqu'au nord de l'Italie via l'axe du Rhin), région la plus riche de l'Union, et de deux périphéries : l'une, dynamique et intégrée, s'étend sur les deux côtés de la dorsale, l'autre, plus éloignée du centre, englobe des régions moins peuplées, souvent rurales, relativement pauvres à l'exception de la riche Catalogne.

Pacte de stabilité et de croissance

Adopté lors du Conseil européen d'Amsterdam (juin 1997), il comprend deux volets :

- un volet préventif relatif au renforcement de la surveillance budgétaire ;
- un volet dissuasif relatif à la mise en œuvre de la procédure contre les déficits publics excessifs.

Ce pacte a perdu de sa crédibilité fin 2003 lorsque la France et l'Allemagne, ne respectant pas les disciplines budgétaires européennes (*voir Critères de convergence**), ont obtenu d'être exemptés de sanctions.

Pacte européen pour l'emploi

Adopté au Conseil européen de Cologne* (juin 1999), il repose sur la coordination des politiques économiques* au sein de l'Union européenne (UE)* et sur trois processus, le dernier constituant une innovation.

- Le « processus de Luxembourg »* (novembre 1997) vise à la mise en œuvre d'une stratégie coordonnée pour l'emploi*.
- Le « processus de Cardiff » (juin 1998) vise à coordonner les réformes structurelles, notamment par un examen annuel des politiques nationales de réforme économique.
- Le « processus de Cologne » vise à favoriser l'émergence d'un *policy-mix* harmonieux, fruit d'une bonne interaction entre politique monétaire, politiques budgétaires et évolutions salariales.

Parlement européen (PE) [*European Parliament – EP*]

C'est la seule institution de l'Union européenne (UE)* dont les membres sont élus (pour cinq ans) directement par les citoyens (introduction du suffrage universel direct aux élections* de 1979). La Constitution européenne* consacre le principe de la double légitimité démocratique de l'Union : le PE est l'enceinte de représentation des peuples tandis que le Conseil des ministres* représente les États membres.

Composition

Le PE est composé de **732 députés** (à partir de l'Europe* à 25 selon les décisions du traité* de Nice*, alors que le traité d'Amsterdam* prévoyait que leur nombre ne devrait pas dépasser 700 députés, nonobstant les futurs élargissements. À partir de 2009, le PE comptera 750 membres au maximum. Les plus petits États auront droit à 6 représentants au lieu de 4 aujourd'hui, aucun État membre ne se verra attribuer plus de 96 sièges). Il est composé de 20 commissions permanentes et peut créer des commissions temporaires et des sous-commissions, ainsi que des commissions d'enquête (depuis le traité de Maastricht*).

Évolution

Ayant pour ancêtre l'Assemblée parlementaire créée pour la Communauté européenne du charbon et de l'acier (CECA)* et dont les pouvoirs ont été étendus aux deux autres

Communautés, le PE s'est baptisé ainsi en 1962, à l'époque où ses membres étaient désignés par les Parlements nationaux. Le PE a vu ses pouvoirs progressivement étendus lors des révisions successives des traités communautaires. En effet, les traités originels ne conféraient que des pouvoirs limités au PE. En matière législative, ces pouvoirs se limitaient à l'émission d'un avis* (consultation néanmoins obligatoire). En matière budgétaire, les pouvoirs du PE étaient également restreints en raison de l'absence d'un budget* véritablement autonome. En revanche, dès l'origine, le PE disposait de deux pouvoirs de contrôle : politique (censure de la Commission européenne* par l'intermédiaire de la motion de censure à la majorité des 2/3 des voix exprimées et à la majorité des eurodéputés) et juridique (possibilité de saisir la Cour de justice des Communautés européennes (CJCE)* dans certains cas, notamment pour le recours en carence*). Les révisions successives des traités ont débouché sur un accroissement substantiel des pouvoirs du PE. Les révisions des années 1970 ont fortement accru la légitimité politique (suffrage universel direct décidé par le Conseil en 1976) ainsi que les pouvoirs budgétaires du PE (système de ressources propres* décidé par le Conseil en 1970). Ces derniers ont été les suivants : pouvoir de décider en dernière instance en matière de dépenses* non obligatoires (DNO), pouvoir de rejeter « en bloc » le budget à l'issue de la procédure budgétaire, pouvoir de contrôle budgétaire *a posteriori*, prérogative formelle reconnue au président du PE d'arrêter le budget. L'Acte unique européen (AUE)* puis le traité de Maastricht ont considérablement amplifié les pouvoirs législatifs du PE. L'AUE a créé deux innovations : la procédure d'avis conforme*, la procédure de coopération. Le traité de Maastricht a pour sa part étendu le champ de l'avis conforme et de la procédure de coopération (13 nouveaux domaines) et créé la procédure de codécision*, véritable saut qualitatif permettant de faire du PE, dans certains domaines et aux côtés du Conseil, le colégislateur européen. Quant au traité d'Amsterdam, il a transformé la plupart des cas d'application de la procédure de coopération en domaines relevant de la codécision. La procédure de coopération ne subsiste ainsi après Amsterdam que dans le champ de l'Union économique et monétaire (UEM)*. Le traité de Maastricht a également conforté les pouvoirs politiques du PE à plusieurs niveaux : consultation du PE avant la nomination des membres de la Commission, possibilité pour le PE de mettre en place des commissions temporaires d'enquête et de recevoir des pétitions (un médiateur*, nommé par le PE, est institué). Après les traités d'Amsterdam et de Nice qui ont poursuivi le processus d'extension des pouvoirs du PE, **la Constitution européenne prévoit** de parachever le renforcement institutionnel et politique du PE : l'Assemblée de Strasbourg se voit conférer des pouvoirs presque comparables à ceux des Parlements nationaux ; le PE élit le président de la Commission (le candidat est sélectionné par le Conseil européen* en fonction du résultat des élections européennes) et vote les lois européennes*.

La codécision

Jusqu'à Amsterdam, le traité indiquait que l'acte était arrêté par le Conseil ; désormais le traité parle d'acte « réputé adopté » et la pratique communautaire qualifie les actes adoptés en codécision d'actes du Conseil et du PE. Celui-ci est donc bien institué colégislateur. Le traité de Nice étend la codécision à la politique industrielle et pour la première fois aux questions de « justice et d'affaires intérieures ». Avec la Constitution européenne, la procédure de codécision devient ordinaire (elle s'applique désormais à la coopération économique, financière et technique avec les pays tiers ; son approbation est requise pour la grande majorité des accords internationaux) et celle de coopération, qui ne subsistait que pour les questions liées à l'UEM, disparaît. La distinction dépenses obligatoires (DO)/DNO disparaît également, PE et Conseil devant s'entendre sur l'adoption du budget annuel.

Compétences

Le PE partage le rôle législatif avec le Conseil : il donne des avis ou codécide, selon les sujets. Il exerce une surveillance démocratique sur les institutions et notamment sur la Commission, qu'il peut censurer. Il établit, conjointement avec le Conseil, le budget annuel de l'Union. La procédure de codécision lui donne un droit de veto et permet au PE et au Conseil, au terme d'une procédure de navettes, de voter ensemble un projet différent de la proposition de la Commission. En bref, pour défendre ses prérogatives le PE use de l'arme politique de la motion de censure à l'égard de la Commission, et saisit la CJCE pour contrer les empiétements du Conseil (recours en annulation*, recours en carence*).

Le parlementaire européen n'est protégé par des immunités que pendant la durée des sessions du PE. Le bureau comporte un président et 14 vice présidents. Sauf dispositions des traités imposant une majorité spéciale, le PE délibère à la majorité absolue des suffrages exprimés.

Articles clés. I-20, I-46, III-330 à 340, III-396 (procédure législative ordinaire) de la Constitution européenne.

4 CE : Élection des représentants à l'Assemblée au suffrage universel direct, mandat représentatif.

5 CE : Cumul possible du mandat européen avec un mandat parlementaire national.

6 CE : Non cumul de la fonction de député européen avec une fonction gouvernementale, ou avec celle de membre de la Commission, etc.

192 CE : Le PE peut demander à la Commission de soumettre « toute proposition appropriée sur les questions qui lui paraissent nécessiter l'élaboration d'un acte communautaire pour la mise en œuvre du traité. » (d'où un pouvoir « d'incitation » du PE).

96 CE : Session annuelle du PE.

251 CE : Procédure de codécision du PE (depuis le traité de Maastricht).

252 CE : Procédure de coopération (depuis l'AUE).

272 CE : Le PE arrête le budget. Par ailleurs, depuis le traité de Maastricht, le PE exerce un contrôle politique (exemple la motion de censure : art. III-340).

Commissions permanentes

1/ Commission des affaires étrangères, de la sécurité et de la politique de défense [*Committee on Foreign Affairs ; Subcommittee on Human Rights, Subcommittee on Security and Defence*] ;
2/ Commission de l'agriculture [*Committee on Agriculture*] ;
3/ Commission des budgets [*Committee on Budgets*] ;
4/ Commission des affaires économiques et monétaires [*Committee on Economic and Monetary Affairs*] ;
5/ Commission de l'industrie, de la recherche et de l'énergie [*Committee on Industry, Research and Energy*] ;
6/ Commission du commerce international [*Committee on International Trade*] ;
7/ Commission des affaires juridiques [*Committee on Legal Affairs*] ;
8/ Commission de l'emploi et des affaires sociales [*Committee on Employment and Social Affairs*] ;
9/ Commission du développement régionale [*Committee on Regional Development*] ;
10/ Commission des transports et du tourisme [*Committee on Transport and Tourism*] ;
11/ Commission de l'environnement, de la santé publique et de la protection des consommateurs [*Committee on the Environment, Public Health and Food Safety*] ;
12/ Commission de la culture et de l'éducation [*Committee on Culture and Education*] ;
13/ Commission du développement [*Committee on Development*] ;
14/ Commission des libertés civiles, de la justice et des affaires intérieures [*Committee on Civil Liberties, Justice and Home Affairs*] ;
15/ Commission du contrôle budgétaire [*Committee on Budgetary Control*] ;
16/ Commission des affaires constitutionnelles

[*Committee on Constitutional Affairs*] ;
17/ Commission de la pêche [*Committee on Fisheries*] ;
18/ Commission du marché intérieur et de la protection des consommateurs [*Committee on Internal Market and Consumer Protection*] ;
19/ Commission des droits de la femme et de l'égalité des genres [*Committee on Women's Rights and Gender Equality*] ;
20/ Commission des pétitions [*Committee on Petitions*]
Il existe aussi des commissions temporaires ou des sous-commissions qui traitent de problèmes spécifiques, et des commissions parlementaires mixtes qui ont des relations avec les parlements des États liés à l'UE par des accords d'association.

Voir Partis politiques présents au PE.*

➡ **Sièges.** Strasbourg, France (sessions plénières mensuelles incluant la session budgétaire) ; Bruxelles, Belgique (sessions additionnelles, réunion des commissions permanentes préparant les travaux en sessions plénières et des groupes politiques) ; Luxembourg (Secrétariat général du PE et ses services).
Internet. http://www.europarl.eu.int

Partenaires sociaux

Voir Confédération européenne des syndicats (CES), Union des Confédérations de l'industrie et des employeurs d'Europe (UNICE)*, Centre européen des entreprises à participation publique et des entreprises d'intérêt économique général (CEEP)*.*

➡ **Articles clés.** I-48, Charte des droits fondamentaux* (II-72 : liberté de réunion et d'association ; II-88 : droit de négociation et d'actions collectives), III-209 à 219 de la Constitution européenne*.

Partenariat

Voir Adhésion à l'Union européenne (UE), Géopolitique* de l'Union européenne (UE)*, Coopérations renforcées*.*

Partis politiques présents au Parlement européen

Aux élections de juin 2004 (6e législature : 2004-2009), les eurodéputés des partis politiques suivants ont été élus pour siéger au Parlement européen (PE)* :

1/ PPE-DE-Groupe du Parti populaire européen (démocrates-chrétiens) et démocrates européens [*Group of the European People's Party (Christian Democrats and European Democrats-EPP-ED Group in the European Parliament)*] : 268 sièges dont 17 français (Union pour un Mouvement Populaire – UMP). Internet : http://www.epp-ed.org

2/ PSE-Groupe du Parti des socialistes européens [*Socialist Group in the European Parliament – PSE Group*] : 200 sièges dont 31 français (Parti socialiste – PS).
Internet : http://www.socialistgroup.org

3/ ADLE – Alliance des démocrates et des libéraux pour l'Europe [*Alliance of Liberals and Democrats for Europe-ALDE*] : 88 sièges dont 11 français (Union pour la Démocratie Française – UDF).
Internet : http://eld.europarl.eu.int

4/ Verts-Alliance libre européenne (Verts/ALE) [*The Greens/European Free Alliance*] : 42 sièges dont 6 français (Les Verts).
Internet : http://www.greens.efa.org

5/ GUE/GNL-Groupe confédéral de la Gauche unitaire européenne/Gauche verte nordique [*European United left/Nordic Green left – GUE/NGL*] : 41 sièges dont 3 français (Parti communiste français – PCF).
Internet : http://www2.europarl.eu.int/gue

6/ IND/DEM – Groupe de l'indépendance et de la démocratie [*Independance/Democracy Group*] : 37 sièges dont 3 français (Mouvement pour la France – MPF).
Internet : http://www.europarl.eu.ind_dem

7/ UEN – Union pour l'Europe des Nations [*Union for Europe of the Nations – UEN*] : 27 sièges dont 0 français.
Internet : http://www.europarl.eu.int/uen

8/ NI : Non inscrits. 29 sièges dont 7 français (Front national - FN)

Certains sites de ces partis européens proposent à l'internaute de voter sur un sujet d'actualité.

➡ **Articles clés.** I-46 et 47, III-331 de la Constitution européenne*.

Pays d'Europe centrale et orientale (PECO)

Ces PECO sont au nombre de 12 : Chypre, Malte, République tchèque, Estonie, Hongrie, Lettonie, Lituanie, Pologne, Slovaquie, Slovénie, Bulgarie et Roumanie. Tous les pays candidats satisfaisaient aux critères politiques de Copenhague* (1993) mais pas de ceux du traité* de Maastricht* (1992) en raison des cinq critères économiques de convergence* qui ont empêché la Bulgarie et la Roumanie de rejoindre l'Union européenne (UE)* lors de l'élargissement* du 1er mai 2004. Il est prévu que la Bulgarie et la Roumanie rejoignent l'UE en 2007.

Pères de l'Europe

Les Pères de l'Europe* communautaire sont Jean Monnet (1888-1979), initiateur de l'Europe unie et auteur de la déclaration du 9 mai 1950, Robert Schuman (1886-1963), ministre français des Affaires étrangères en 1950, Konrad Adenauer (1876-1967), chancelier de la République fédérale d'Allemagne – RFA* – de 1949 à 1963, Alcide de Gasperi (1881-1954), président italien du Conseil de 1945 à 1953 et ministre des Affaires étrangères, Paul-Henri Spaak (1899-1972), Premier ministre belge et ministre des Affaires étrangères de 1954 à 1957, et Joseph Bech (1887-1975), Premier ministre luxembourgeois et ministre des Affaires étrangères en 1956 (en 1955, il présidait la Conférence de Messine*).

Perspectives financières

Depuis 1988, l'évolution des dépenses* communautaires et le déroulement de la procédure budgétaire annuelle sont encadrés par des accords pluriannuels très contraignants conclus entre les institutions (Parlement européen (PE)*, Conseil des ministres* et Commission européenne*).
Les perspectives financières actuellement en vigueur, qui ont été fixées par le Conseil européen de Berlin* en mars 1999, couvrent la période 2000-2006. Elles prévoient que le plafond actuel des ressources, qui s'élève à 1,27 % du PNB communautaire, sera maintenu jusqu'en 2006. Elles reprennent en grande partie les propositions que la Commission européenne* avait formulées dans son document « Agenda 2000 »*. Les documents de la Commission qui avaient servi de base aux précédentes perspectives financières s'intitulaient « Paquet Delors 1 » (1987) et « Paquet Delors 2 » (1992). Les prochaines perspectives financières pour 2006-2013 ont fait l'objet, fin 2004, de propositions présentées par la Commission et de négociations sous l'empire des traités actuels. **La Constitution européenne* prévoit** l'adoption du cadre financier pluriannuel (ce terme remplacera les actuelles perspectives financières) à la majorité qualifiée*, le PE et le Conseil devant s'entendre lors de l'adoption du budget annuel.

➡ **Articles clés.** I-55, III-402 de la Constitution européenne.

Petites et moyennes entreprises (PME) européennes

D'après un rapport de 2002 émanant de l'Observatoire européen des PME*, l'Espace économique européen (EEE)* comprend 20,5 millions d'entreprises*, dont 93 % emploient moins de 10 personnes. Les deux tiers des emplois sont procurés par les PME, et celles-ci jouent également un rôle crucial dans les Pays d'Europe centrale et orientale (PECO)* ainsi qu'en Turquie. *Voir Fonds européen d'investissement (FEI)*.*

➡ **Source.** http://www.apce.com

Piliers (dans la construction européenne)

Les piliers désignent les trois différents domaines à propos desquels, depuis le traité* de Maastricht* (1992), l'Union européenne (UE)* intervient à des degrés et de manières différentes.

- **Premier pilier :** la dimension communautaire correspond aux dispositions incluses dans le traité instituant la Communauté européenne (CE)*, la Communauté européenne du charbon et de l'acier (CECA)* et Euratom* : citoyenneté de l'Union, politiques de la Communauté, Union économique et monétaire (UEM)*, etc. Méthode communautaire : monopole du droit d'initiative de la Commission européenne*.
- **Deuxième pilier :** la Politique étrangère et de sécurité commune (PESC)*, couverte par le titre V du TUE (art. 11 à 28). Méthode « intergouvernementale » : coopération politique où le droit d'initiative de la Commission est soit partagé, soit limité.
- **Troisième pilier :** la coopération policière et judiciaire en matière pénale (*voir Justice et affaires intérieures**), couverte par le titre VI du TUE (art. 29 à 42). Méthode « intergouvernementale ».

La différence entre les trois piliers tient essentiellement aux instruments juridiques qui leur sont propres et aux modes décisionnels (unanimité* dans le 3e pilier). **La Constitution européenne* prévoit** de conférer la personnalité juridique unique à l'UE et d'étendre la méthode communautaire à l'ensemble de l'espace de liberté, de sécurité* et de justice*, ce qui supprimera la structuration en piliers.

Politique agricole commune (PAC) [*Common Agricultural Policy*]

Prévue dans son principe dans le traité* de Rome* (1957), elle existe depuis 1962. Fondée sur trois principes (unicité des prix, préférence communautaire, solidarité financière), elle sollicite des interventions destinées au soutien des prix agricoles (au titre de la section garantie du Fonds européen d'orientation et de garantie agricole - FEOGA*). En 1992 la PAC a été réformée, afin de compléter le soutien aux prix par des aides directes aux agriculteurs, avec obligation de maîtrise de la production. Bien que sa part décroît dans le budget* de l'Union européenne (UE)*, elle représente encore la moitié des dépenses* de l'UE.

➡ **Articles clés.** 32 à 38 CE, I-14 (compétence partagée), III-225 à 232 de la Constitution européenne*.

Politique audiovisuelle européenne [*European Audiovisual Policy*]

Bien que chaque gouvernement mène sa propre politique audiovisuelle, l'Union européenne (UE)* définit des règles et des lignes directrices fondées sur des intérêts communs tels que l'ouverture des frontières de l'Union et la concurrence loyale. La directive* « Télévision sans frontières » (1989), actualisée en 1997, définit ainsi les conditions de la transmission d'émissions télévisées dans le marché intérieur* européen. Elle exige des États membres une coordination de leur législation nationale, essentiellement au nom de la libre circulation des programmes. S'agissant de la radiodiffusion, un protocole annexé au traité* d'Amsterdam* laisse chaque État libre de définir la structure de son Service public de radiodiffusion (SPR), tout en confirmant l'importance du rôle de celui-ci. En outre, l'exception culturelle* (défendue victorieusement par l'UE devant l'Organisation mondiale du commerce - OMC) permet aux États membres de ne pas ouvrir leurs marchés aux produits culturels tels que les films de la même manière que pour d'autres marchandises importées de l'extérieur. Enfin le programme MEDIA (*voir Eurimages**), dont la Commission européenne* a demandé le prolongement jusqu'à la fin 2006, est un bras armé de la politique audiovisuelle communautaire. Divisé en deux volets (Media Plus : 350 millions d'euros ; Media Formation :

50 millions d'euros), il permet de soutenir la production, la promotion et la distribution d'œuvres audiovisuelles européennes. La Banque européenne d'investissement (BEI)* fournit aussi des fonds pour l'expansion du secteur audiovisuel (Initiative Innovation 2010 – Audiovisuel).

➡ **Source.** www.europa.eu.int.

Articles clés. I-3, III-280, III-315 (la Politique commerciale commune*) de la Constitution européenne*.

Politique commerciale commune (PCC) [*Common Commercial Policy – CCP*]

Lancée avec le traité* de Rome* (1957) puis relancée en 1968 avec la fin des barrières douanières aux échanges intracommunautaires, cette politique vise à développer tant le libre échange que le commerce mondial. Conduite par la Commission européenne* qui négocie la libéralisation des échanges, elle se fonde sur trois instruments : (1) le tarif extérieur commun (ou douanier) aux États membres de l'Union européenne (UE)* et appliqué à l'ensemble des produits importés au sein du marché intérieur*, (2) les mesures de défense commerciale (mesures de sauvegarde et d'anti-subventions, actions anti-dumping), (3) les accords préférentiels. La PCC a permis à la Communauté d'une part d'être représentée au GATT puis à l'OMC, d'autre part de devenir la première puissance commerciale du monde. À cet égard, l'UE a signé une série d'accords avec plusieurs pays : (a) accords de marché unique avec l'Islande et la Norvège, partenaires au sein de l'Espace économique européen (EEE)*, (b) accords d'association avec les Pays d'Europe centrale et orientale (PECO)*, (c) accords de partenariat et d'assistance technique avec les pays de l'ex URSS ainsi qu'avec les pays du sud et de l'est de la Méditerranée, (d) accords permettant une exemption des droits de douane avec les pays ACP dans le cadre de la convention de Lomé (1975) réactualisée plusieurs fois.

Fonctionnement

La Commission fait des propositions au Conseil des ministres* sur la conduite de la PCC (le Comité 133, du nom de l'article 133 CE, est chargé d'assister la Commission dans cette conduite). Avant toute négociation d'accord commercial, la Commission reçoit mandat du Conseil et doit demander l'accord de ce dernier pour des initiatives qui s'écarteraient du mandat. Le mode de prise de décision à l'intérieur de l'UE en matière de PCC est l'unanimité* ou la majorité qualifiée* selon les sujets. Les compétences de la Commission dans certains domaines (commerce des services, protection de la propriété intellectuelle et investissements étrangers directs) sont partagées avec les États membres. **La Constitution européenne* prévoit** d'une part d'informer systématiquement le Parlement européen (PE) de l'état des négociations, d'autre part de préciser et de réduire le champ de l'unanimité. Enfin le champ d'application de la PCC est étendu au commerce des services et à la propriété intellectuelle, tout en maintenant la notion d'exception culturelle*.

➡ **Articles clés.** 131 à 134 CE, I-13 (compétence exclusive), III-314 et 315 de la Contitution européenne.

Politiques communes
[*Common Policies*]

Leur mise en œuvre est prévue par le traité* de Rome* qui a donné naissance à la Communauté économique européenne (CEE)*. Les six premiers États signataires (Belgique, France, Italie, Luxembourg, Pays-Bas et Allemagne fédérale) développent une Politique agricole commune (PAC)* qui démarre en 1962. Après cette première politique commune, il faut attendre 1972 pour que la politique régionale soit lancée et 1979 pour que la création du Système monétaire européen (SME)* préfigure (huit ans après le rapport Werner* de 1971) l'Union économique et monétaire (UEM)* contenue dans le traité de Maastricht*. En revanche, la mise en place de l'Union douanière commence dès 1959 avec la suppression des contingents (lesquels limitent le volume des importations acceptées par les États membres) puis la levée des derniers droits de douane en 1968. Les politiques communes dérivent des compétences communautaires.

➡ **Articles clés.** Partie III de la Constitution européenne*.

Politique commune de la pêche (PCP) [*Common Fisheries Policy – CFP*]

Face à l'appauvrissement des stocks de poissons, cette politique a été lancée en 1983 (et révisée une première fois en 1992) pour gérer les richesses de la mer et aider un secteur en difficulté. La PCP fixe des quotas de capture, vise des prix raisonnables tout en soutenant les revenus des pêcheurs, accorde des aides pour la restructuration des flottes (*voir Instrument financier d'orientation de la pêche – IFOP**). Réformée de nouveau en janvier 2003, elle fixe des objectifs à long terme, mettant davantage en correspondance la capacité de pêche avec les possibilités de pêche, vise à une meilleure application des règles et encourage les pêcheurs d'une part à participer davantage au processus de gestion, d'autre part à échanger leurs connaissances avec celles des chercheurs.

➡ **Articles clés.** I-14 (compétence partagée), III-225 à 232 de la Constitution européenne*.

Politique culturelle de l'Union européenne [*Cultural Policy of the European Union*]

Afin de favoriser le développement d'une citoyenneté européenne* et de renforcer les liens entre les peuples, l'Union européenne (UE)* mène une politique d'aide à la culture*. Les réglementations communes européennes défendent l'intérêt des artistes (protection des droits d'auteur) et du public (réduction des taxes). Elles défendent aussi les productions européennes face à la concurrence*. De même, l'UE apporte une aide financière dans le secteur de la protection du patrimoine, tout en encourageant les projets culturels transnationaux (exemple la chaîne Arte). Le programme global « Culture 2000 » regroupe les programmes Kaléidoscope (arts vivants), Ariane (aide à la littérature), Raphaël (protection du patrimoine culturel) ; sa spécificité est que tous les pays de l'Espace économique européen (EEE)* ainsi que tous les pays candidats à l'Union peuvent y participer.

Voir Exception culturelle.*

➡ **Articles clés.** 151 CE, I-3, I-17 (domaines des actions d'appui, de coordination ou de complément), III-280 de la Constitution européenne*.

Politique de concurrence [*Competition Policy*]

Elle poursuit un but précis qui consiste à défendre et à développer un état de concurrence* efficace dans le Marché commun. La concurrence est en effet un mécanisme fondamental de l'économie de marché qui met en présence l'offre (des producteurs, des commerçants) et la demande (des clients intermédiaires, des consommateurs). L'efficacité provient de la confrontation entre les offreurs.

La politique de concurrence est à l'origine d'une intervention importante de la Communauté économique européenne (CEE)*. Les règlements fondés sur les articles 81 CE (interdiction des ententes), 82 CE (abus de position dominante) et 83 CE donnent à la Commission européenne* compétence pour veiller à l'application de règles qui interdisent les ententes et les abus de position dominante. De plus, par le contrôle des « aides d'État » (art. 87 – interdiction de principe des aides d'État – à 89) et du respect des dispositions du traité* par les entreprises* publiques et des entreprises bénéficiant de « droits spéciaux ou exclusifs » (art. 86), l'Union européenne (UE)* intervient dans le domaine de la politique industrielle des États, y compris pour ce qui a

trait à la gestion des services publics. Enfin le domaine de la politique de concurrence a été élargi par le règlement du 21 décembre 1989 (révisé en 2003) qui institue un régime de contrôle des concentrations d'entreprises.
Le contrôle des concentrations est un contrôle *a priori* qui vise à empêcher l'émergence d'acteurs dominants sur un marché. Les entreprises notifient à la Commission des opérations qui ne sont pas, par principe, prohibées. À l'inverse, les ententes ou les abus de position dominante constituent des pratiques illégales par principe.

➡ **Articles clés.** 81 à 97 CE, III-161 à 169 de la Constitution européenne*.

Politique éducative européenne

Il existe plusieurs programmes qui œuvrent pour la politique éducative européenne : **Socrates** regroupe 3 actions à destination des jeunes : **Comenius** pour les scolaires, **Erasmus** (*voir Erasmus Mundus**) pour les étudiants, **Lingua** pour l'apprentissage des langues*. **Minerva** est consacré à l'utilisation des nouvelles technologies dans l'éducation*, **Grundtvig** complète ce dispositif en faveur de la formation des adultes. **Leonardo Da Vinci** est consacré à la formation professionnelle initiale (en alternance) et à la formation continue ; ce programme finance des projets d'échange entre les entreprises* et les organismes de formation, soutient l'utilisation des nouvelles technologies ainsi que l'apprentissage des langues. Enfin, hormis l'**Institut Européen de Florence** qui prépare à des diplômes juridiques et économiques spécialisés sur l'Europe*, l'Union européenne (UE)* accorde des bourses aux étudiants-chercheurs dans tous les domaines de la recherche*.

Politique étrangère et de sécurité commune (PESC) [*Common Foreign and Security Policy – CFSP*]

Composante du deuxième pilier* depuis le traité* de Maastricht*, elle est conduite par le Conseil européen* et le Conseil des ministres*. Contrairement à son nom, elle n'est pas – du moins à l'origine – commune à l'ensemble des États ; elle relève des compétences de chaque État. Historiquement, elle est la conséquence de l'échec, en 1954, de la Communauté européenne de défense (CED)*. Elle est aussi l'héritière de la Coopération politique européenne (CPE)*. Depuis d'une part la disparition de l'URSS, la guerre du Golfe et la guerre en ex-Yougoslavie, d'autre part le traité de Maastricht (l'article 17 est relatif à une politique de défense* commune), la coopération des États a été renforcée. Même si elle n'est pas encore réellement communautaire, la PESC marque l'ambition de l'Union européenne (UE)* de créer une défense commune (et non unique).

Évolution

L'idée centrale développée par le traité de Maastricht est que les États membres « s'informent mutuellement et se concertent au sein du Conseil sur toute question de Politique étrangère et de sécurité ». Mais surtout ils « veillent à la conformité de leurs politiques nationales avec les positions communes* », qu'ils défendent au sein des organisations et conférences internationales. L'article 11 TUE précise que la PESC « couvre tous les domaines de la Politique étrangère et de sécurité ». Le traité d'Amsterdam* a introduit un Haut représentant pour la PESC, la notion de stratégie commune*, l'insertion dans le traité des « missions de Petersberg » (*voir Politique européenne de sécurité et de défense - PESD**). Enfin le traité de Nice* a inscrit dans le traité l'existence du Comité politique et de sécurité (COPS), lequel siège à Bruxelles et est composé de représentants du niveau d'ambassadeur et de membres de représentations permanentes auprès de l'UE. Ce COPS peut recevoir une délégation de pouvoir du Conseil en période de gestion de crise.

Actuellement, la PESC est régie par la règle de l'unanimité* (celle-ci est même obligatoire pour les décisions qui ont des implications militaires). Les exceptions à cette règle sont : les questions de procédure (majorité simple), les actions et positions communes (majorité qualifiée*), la désignation du Secrétaire général/Haut Représentant (SG/HR) et des représentants spéciaux de l'UE. Ses trois faiblesses initiales (lourdeur des procédures, rotation rapide des présidences, faiblesse du financement spécifique) sont compensées progressivement par les traités et l'impulsion donnée par la déclaration conjointe franco-britannique de Saint-Malo (décembre 1998). La « stratégie européenne de sécurité », préparée par le SG/HR, Javier Solana, après les attentats du 11 septembre 2001, renforce cette tendance. **La Constitution européenne prévoit** de moderniser la PESC, notamment en créant de nouvelles formes de flexibilité et de coopération en matière de défense, ainsi qu'une **Agence européenne de défense.**

Budget PESC 2004 : 62,6 millions d'euros (source : http://europa.eu.int/eur-lex/budget/data/D2004_EUR25_VOL4/FR).

➡ **Articles clés.** I-12 et 16, I-40, III-294 à 308 de la Constitution européenne*.

Politique européenne de développement [*European Development Policy*]

Elle remonte au tout début de la construction européenne*, à la fin des années 1950. Initialement centré sur l'Afrique francophone, ce partenariat* pour le développement s'est élargi, au fil des conventions de Yaoundé et de Lomé, à l'ensemble de l'Afrique et à quelques États des Caraïbes et du Pacifique (d'où les accords ACP-CE). Parallèlement, la Communauté européenne (CE)* a mis en place d'autres programmes régionaux (Amérique latine, Asie, Méditerranée...) et des lignes budgétaires thématiques (environnement, droits de l'homme, aide alimentaire...).

Aujourd'hui l'Union européenne (UE)* – États membres et Communauté confondus – est de loin le premier bailleur de fonds aux pays en développement, avec près de 50 % de l'Aide publique au développement (APD) mondiale. Au sein de cet ensemble, l'aide communautaire représente une part croissante de l'effort de l'UE : plus de 6 milliards d'euros en 2002, soit 10 % de l'APD mondiale destinée à 160 pays, territoires ou organisations dans le monde. La France apporte une contribution financière à cette politique, à travers le Fonds européen de développement (FED)* qu'elle finance à hauteur de 24,3 % et par ses apports au budget* de l'UE (contribution d'environ 17 %).

➠ **Source.** Ministère des Affaires étrangères, février 2004.

Articles clés. III-286 à 291 (l'association des pays et territoires d'outre-mer), III-292, III-316 à 320 de la Constitution européenne*.

Politique européenne de sécurité et de défense (PESD) [*European Security and Defense Policy – ESDP*]

Le traité* de Maastricht* établit que « la définition à terme d'une politique de défense* commune, qui pourrait conduire, le moment venu, à une défense commune », est incluse dans la Politique étrangère et de sécurité commune (PESC)*. Tirant son origine de cette base juridique entérinée par le traité d'Amsterdam*, la PESD est née en 1999 lors du Conseil européen de Cologne*, quelques mois après le sommet franco-britannique de Saint-Malo (décembre 1998). La définition à terme d'une politique de défense commune n'implique pas encore la création d'une armée européenne (bien qu'Eurocorps* en soit la préfiguration), mais évolue de façon compatible et coordonnée avec l'Organisation du traité de l'Atlantique Nord (OTAN)*. Le Conseil européen d'Helsinki* (10/12/1999) instaure « l'objectif global », c'est-à-dire le pouvoir de l'Union de déployer, dans un délai de 60 jours et pendant au moins un an, jusqu'à 60 000 hommes (Eurocorps). **La Constitution européenne* prévoit** beaucoup d'innovations, comme l'indique Maxime Lefebvre* : « Les "missions de Petersberg", définies en 1992 et inscrites dans le traité en 1997, sont enrichies (aux missions humanitaires et d'évacuation, aux missions de maintien de la paix, aux missions de rétablissement de la paix y compris les missions de forces de combat pour la gestion des crises, s'ajoutent désormais : les actions de désarmement, l'assistance militaire, la prévention des conflits, les opérations de stabilisation à la fin des conflits.) » Sont également prévues : la création de l'Agence européenne de défense, l'insertion d'une clause de solidarité (appliquée, de façon anticipée, après les attentats de Madrid de mars 2004), l'insertion d'une clause de défense mutuelle (*voir Union de l'Europe occidentale - UEO**), une « coopération structurée » pour les États membres plus ambitieux. Ainsi la PESD va pouvoir se consolider, d'autant que la relève de l'OTAN par l'UE en Bosnie a eu lieu fin 2004 (opération Althea, 7 000 hommes). **La Constitution européenne* prévoit** de renforcer la PESD, notamment grâce à la création de l'**Agence européenne de défense** (art. I-41 et III-311).

➡ **Articles clés.** I-16, I-41, III-309 à 312 de la Constitution européenne.

Politique européenne des transports [*European Transport Policy*]

Engagée en 1996, la politique des réseaux de transports* européens regroupe de grands projets financés en partenariat avec la Commission européenne* et la Banque européenne d'investissement (BEI)*, en partenariat avec les États, les régions et le secteur privé (exemple de réalisation : les TGV transeuropéens). Elle vise à harmoniser les réseaux intermodaux (c'est-à-dire qui combinent plusieurs modes de transport). En 2001, un deuxième Livre blanc* (le premier concernait l'ouverture du marché des transports) consacré aux transports d'ici 2010 préconisait une soixantaine de propositions dont la revitalisation du rail, le renforcement de la qualité du transport routier, la promotion des transports maritime et fluvial, la réconciliation du transport aérien avec l'environnement*, le renforcement de la sécurité routière. Depuis l'entrée en vigueur du traité* d'Amsterdam*, les décisions* du Conseil des ministres* sont adoptées selon la procédure de codécision* (sauf cas particuliers), après consultation du Comité économique et social* et du Comité des régions*.

Articles clés. 70 à 80 CE, 251 CE, I-14 (compétence partagée), III-236 à 245 de la Constitution européenne*.

Politique régionale de l'Union européenne [*Regional Policy of the European Union*]

Elle représente un tiers du budget* de l'Union européenne (UE)*. Elle traduit la solidarité économique des États membres. Elle a commencé en 1975 avec la création du Fonds européen de développement régional (FEDER)*. Elle a plusieurs objectifs, coordonnés par le Comité des régions* : (1) développer les régions dont le PIB/habitant est inférieur à 75 % de la moyenne de l'UE, (2) développer les régions industrielles en déclin, les zones rurales ou les zones urbaines en difficulté, (3) soutenir la formation permanente, promouvoir la place des femmes sur le marché du travail, lutter contre les discriminations, (4) soutenir les Petites et moyennes entreprises (PME)*, principaux employeurs dans l'UE.

Programmes ou instruments existants

Interreg (gestion commune de l'emploi* ou de l'environnement*), Fonds européen de développement régional – FEDER (travaux d'équipement), Fonds social européen (FSE)* (lutte contre le chômage et financement de la formation), Fonds européen d'orientation et de garantie agricole – FEOGA (développement des régions rurales),

Instrument financier d'orientation de la pêche – IFOP (aide aux régions de pêche en crise), Fonds de cohésion*.

➡ **Articles clés.** I-14 (compétence partagée en matière de cohésion économique, sociale et territoriale), III-220 à 224 de la Constitution européenne*.

Politique sociale de l'Union européenne [*Social Policy of the European Union*]

Actuellement, elle se fonde essentiellement sur deux aspects : d'une part l'intervention du Fonds social européen (FSE)*, d'autre part la promotion du progrès social par l'Union européenne (UE)* qui incite les États à prendre des mesures dans ce domaine. Les directives* se limitent à la protection de la santé* et de la sécurité* des travailleurs, les règlements* ne concernent que la sécurité sociale des travailleurs migrants. La Constitution européenne* rappelle que parmi les objectifs de l'Union, figurent le « plein emploi* » et le « progrès social ». L'UE doit également prendre en compte la « justice* et la protection sociale », « l'égalité entre les femmes et les hommes, la solidarité entre les générations et la protection des droits de l'enfant », la lutte contre « l'exclusion sociale et les discriminations » et un « niveau élevé d'éducation*, de formation et de protection de la santé humaine ».

Voir Partenaires sociaux.*

➡ **Articles clés.** I-3 (les objectifs de l'Union), I-14 (compétence partagée), Charte des droits fondamentaux* (II-94 : sécurité sociale et aide sociale), III-209 à 219 de la Constitution européenne.

Politiques économiques de l'Union européenne (Coordination des) [*Economic Policies of the European Union*]

Inscrites dans le traité*, les Grandes orientations de politique économique (GOPE) sont l'instrument central de la coordination des politiques économiques. Mises en œuvre en 1993, elles concernent désormais tous les aspects de la politique économique des États membres (politique budgétaire et politiques structurelles). Elles se traduisent par des recommandations* générales et spécifiques pour chaque pays de l'Union européenne (UE)*. Renouvelées tous les trois ans et actualisées chaque année, elles contraignent les États membres à une certaine discipline. Le Conseil Ecofin est au cœur de la coordination des politiques économiques. **La Constitution européenne* prévoit** un renforcement de cette coordination, notamment au sein de la zone euro* et par l'intermédiaire de l'Eurogroupe*. Au niveau institutionnel, elle renforce les pouvoirs de la Commission européenne* (pouvoir de proposition et non plus de recommandation) et du Parlement européen (PE)* (pouvoir de codécision* et non plus de consultation), alors que le Conseil des ministres* était jusqu'à présent au centre du dispositif.

➡ **Articles clés.** 99 CE : « Les États membres considèrent leurs politiques économiques comme une question d'intérêt commun et les coordonnent au sein du Conseil. » I-12 et 15, III-177 à 180 de la Constitution européenne.

Positions communes et actions communes

Concepts introduits par le traité* de Maastricht* dans le domaine de la Politique étrangère et de sécurité commune (PESC)*, ils ont été perfectionnés par le traité d'Amsterdam*. Alors que la position commune définit une position globale, l'action commune s'applique quand une « action opérationnelle » de l'Union européenne (UE)* est jugée nécessaire. Au Conseil des ministres* (des Affaires étrangères et aussi de la Défense*), les décisions sont prises à l'unanimité* ou, pour certaines depuis Amsterdam, à la majorité (simple et qualifiée*). La Commission européenne* est associée à la PESC, le Parlement européen (PE)* est informé.

➡ **Articles clés.** III-294 à 308 de la Constitution européenne*.

Principes applicables aux actes communautaires

On note quatre principes essentiels repris par la jurisprudence* de la Cour de justice des Communautés européennes (CJCE)* :

1/ principe d'immédiateté : production des effets dans le droit interne des États membres sans transformation ;

2/ principe d'applicabilité directe : conséquence du caractère autonome du droit communautaire, il signifie que les règles du droit communautaire doivent déployer la plénitude de leurs effets directement. Cependant, seules les normes communautaires peuvent produire des effets directs ;

3/ principe de primauté : supériorité du droit communautaire sur les droits nationaux ;

4/ principe de subsidiarité* : officialisé par le traité* de Maastricht*, il tend à limiter le domaine du droit communautaire et fait l'objet d'un contrôle juridictionnel *a posteriori* par la CJCE.

Procédure d'admission à l'Union européenne

Complexe, cette procédure implique d'une part les décisions* ou avis* des institutions (après consultation de la Commission européenne* et du Parlement européen (PE)*, le Conseil des ministres* décide), d'autre part l'accord d'adhésion* conclu par les États. Ainsi la Commission présente un avis « préliminaire » aux États membres qui recommande ou non d'ouvrir les négociations. Vient ensuite la négociation de l'accord d'adhésion, lequel peut durer longtemps et qui fixe une « attitude commune » arrêtée par le Conseil, en général sur proposition de la Commission et après préparation par le Comité des représentants permanents (COREPER)*. L'accord signé par les représentants des États membres et du ou des candidats comporte un « traité » d'adhésion bref ainsi qu'un « acte » long et complexe suivi d'annexes, de protocoles et de déclarations. Bien entendu, l'accord n'entre en vigueur qu'une fois ratifié par les États membres (à l'unanimité*) et par le ou les pays candidats. Comme le souligne Philippe Manin*, « l'accord d'adhésion est un accord « inter-étatique » et non un accord entre la Communauté et le candidat. De ce fait, il se situe hiérarchiquement au même niveau que les textes constitutifs de l'Union et peut modifier ceux-ci. »

Proportionnalité (Principe de)

Inscrit dans le traité* de Maastricht*, ce principe stipule : « L'action de la Communauté n'excède pas ce qui est nécessaire pour atteindre les objectifs du présent traité » (art. 5). La Constitution européenne* consacre ce principe, au même titre que la subsidiarité*.

➡ **Articles clés.** 5 TUE, I-11 de la Constitution européenne.

Question préjudicielle

Voir Renvoi préjudiciel.*

Rapport des sages

Rédigé par un Comité (mandaté par le Parlement européen – PE*) de cinq experts indépendants chargés d'enquêter sur d'éventuels cas de mauvaise gestion imputables à la

Commission européenne*, ce rapport a été publié le 15 mars 1999 sous le titre « Premier rapport sur les allégations de fraude, de mauvaise gestion et de népotisme à la Commission européenne ». Immédiatement la Commission Santer a démissionné. Le comité n'avait pourtant rencontré aucun cas dans lequel un commissaire était directement impliqué dans des activités frauduleuses. En revanche, ce rapport mettait en évidence :

- une relative irresponsabilité des commissaires déclarant ne pas être au courant de l'activité de leurs services et témoignant d'une perte de contrôle du collège sur son administration ;
- le lancement de programmes ou d'actions dotés de moyens humains et matériels insuffisants (MEDA*, Echo*), cette absence d'adéquation entre les objectifs et les moyens conduisant à des irrégularités de gestion (externalisation incontrôlée notamment en faveur de Bureaux d'assistance technique, BAT, recrutement d'auxiliaires) ;
- la défaillance des mécanismes de contrôle interne (contrôle financier, audit) et les lacunes dans l'exercice du pouvoir disciplinaire ;
- quelques cas de favoritisme de la part des commissaires et notamment d'Edith Cresson, ancienne Premier ministre français.

Au-delà de la signification politique de cette démission (affirmation du PE), le rapport a révélé de graves dysfonctionnements administratifs. Dans sa résolution du 23 mars 1999, le PE appelle ainsi la Commission à « lancer un programme ambitieux de réforme radicale de ses procédures de gestion et de contrôle financier, et de sa culture de gestion dans son ensemble. » D'où la **réforme des services de la Commission**, qui s'est traduite par :

- la mise en place d'une gestion par activités (« stratégie politique annuelle ») ;

- l'évaluation des résultats au sein des rapports d'activité par Direction générale (DG) ;
- la mise en place d'une politique d'externalisation encadrée et maîtrisée (le cas de l'aide communautaire extérieure est celui sur lequel l'action réformatrice a été la plus visible) ;
- le développement de la performance.

➡ **Source.** IGPDE*

Recherche

➡ **Articles clés.** 163 à 173 CE, III-248 à 255 de la Constitution européenne*.

Voir Espace européen de la Recherche (EER), Eurêka**. **La Constitution européenne prévoit** d'ajouter un nouveau volet à la politique de R & D technologique : la politique spatiale européenne (*voir Agence spatiale européenne**).

Recommandation (communautaire)

Contrairement au règlement* ou à la directive*, la recommandation communautaire n'impose pas d'obligations juridiques aux destinataires. En bref, c'est un conseil adressé aux États membres de l'Union européenne (UE)* ou aux entreprises* pour les inviter à adopter une règle de conduite conforme aux orientations de l'UE. Comme l'avis*, c'est un acte facultatif.

➡ **Articles clés.** 249 CE, I-33 et 35 de la Constitution européenne*.

Recours en annulation

Parmi les trois recours directs de portée générale (recours en annulation, recours en carence*, recours en responsabilité* – l'exception d'illégalité* n'étant pas un recours à proprement dit, mais une action incidente pouvant être utilisée à l'occasion des autres recours), le recours en annulation ressemble beaucoup aux recours du même type qui existent dans les États membres et notamment au recours pour excès de pouvoir du droit administratif français. Sa singularité est la suivante : pour les requérants « privilégiés » (États membres, Conseil des ministres*, Commission européenne*), l'accès au recours en annulation est totalement ouvert car ils n'ont même pas à justifier d'un « intérêt à agir ». Pour les requérants de la catégorie intermédiaire (Parlement européen (PE)*, Banque centrale européenne (BCE)* et Cour des Comptes*), ils doivent justifier d'un intérêt à agir particulier. Pour les autres requérants, les conditions de recevabilité sont restrictives : elles doivent démontrer que l'acte « les concerne directement et individuellement ». Le délai de recours est d'un mois dans le cadre du traité CECA, de deux mois dans le cadre des traités CE et CEEA. Les moyens d'annulation sont l'incompétence (le plus souvent, de l'institution), la violation des formes substantielles (ex : défaut de motivation des actes), la violation du traité* ou de toute règle de droit relative à son application, le détournement de pouvoir.

➡ **Articles clés.** 230 CE, III-365 à 379 de la Constitution européenne*.

Recours en carence

Alors que le recours en annulation* a pour objet de sanctionner l'illégalité d'actes communautaires, le recours en carence a pour objet de sanctionner des abstentions illégales d'institutions de la Communauté. Dans un sens étroit, il n'est que le complément du recours en annulation car il permet d'attaquer ce qui n'est pas attaquable par la voie de celui-ci, à savoir toute attitude d'une institution communautaire qui ne se traduit pas par un acte juridique exprès. Dans un sens plus large, le recours en carence permet de mettre en cause l'attitude d'une institution qui s'est abstenue de prendre un ensemble de mesures. En bref, le recours en carence a pour objet de faire sanctionner « l'inertie » d'une institution. Son utilisation reste faible. La procédure est celle du préalable administratif : le recours en carence ne peut être déposé que si l'institution en cause a été au préalable invitée à agir par une mise en demeure motivée et indiquant avec précision quelles sont les mesures demandées pour faire cesser la carence.

➡ **Articles clés.** 232 CE, III-365 à 379 de la Constitution européenne*.

Recours en manquement

*Voir Action en manquement**

Recours en responsabilité (contractuelle ou extra-contractuelle)

Tout type de dommage est susceptible d'être invoqué à l'appui d'un recours en responsabilité. Cette responsabilité dépend d'un ensemble de conditions relatives « à la réalité du dommage, l'illégalité du comportement reproché aux institutions communautaires, l'existence d'un lien de causalité entre le comportement et le préjudice invoqué » (IGPDE*). En règle générale, la responsabilité de la Communauté est engagée dès lors qu'un comportement illégal est à l'origine d'un dommage. Le comportement illégal doit être compris comme celui qui a été accompli en violation d'une règle du droit communautaire*. Une fois saisie (généralement pour un recours en responsabilité extra-contractuelle, largement ouvert), la Cour de justice des Communautés européennes (CJCE)* peut constater la responsabilité de la Communauté et, le cas échéant, fixer la réparation à accorder (Harald Renout*).

➡ **Articles clés.** 288 CE et 238 CE, III-365 à 379 de la Constitution européenne*.

Règlement (communautaire)

À l'instar des lois ou des règlements qu'adoptent les institutions d'un État, le règlement* communautaire peut avoir pour auteur le Conseil des ministres*, le Conseil européen* et le Parlement européen (PE)*, la Commission européenne*, la Banque centrale européenne (BCE)*. Selon l'article 249 CE, il a une portée générale, il est obligatoire dans tous ses éléments, il est directement applicable dans tout État membre. Son entrée en vigueur dépend de sa publication au *Journal officiel* de l'Union européenne (JOUE)*.

Le règlement est le principal instrument de législation communautaire. **La Constitution européenne* prévoit** de renommer le règlement « loi européenne ». Dans ce cas, les (nouveaux) règlements européens seront des décrets d'application, c'est-à-dire des actes non législatifs de portée générale pour la mise en œuvre des actes législatifs et de certaines dispositions de la Constitution. Ces textes d'application des lois européennes* ou des lois-cadres européennes* (*voir Directive**) pourront être obligatoires dans tous leurs éléments ou laisser aux États membres la compétence du choix et de la forme.

➡ **Articles clés.** 249 CE, I-33, 34 et 39 de la Constitution européenne.

Source. http://www.robert-schuman.org, note du 06/06/2003 d'Anne Castagnos-Sen.

Renvoi préjudiciel

Mécanisme de coopération entre le juge national et la Cour de justice des Communautés européennes (CJCE)*. Il permet au premier, lors d'un litige relatif à l'interprétation du droit communautaire*, de « surseoir à statuer » (= suspendre la procédure) et de poser à la CJCE une ou plusieurs questions. « Une fois l'arrêt de la Cour rendu, la procédure juridictionnelle interne pourra reprendre et le juge interne, fort de la réponse de la Cour de justice, pourra trancher le litige dont il est saisi. » (Harald Renout*)

➡ **Articles clés.** 234 CE, I-29, III-369 de la Constitution européenne*.

République fédérale d'Allemagne (RFA)

Ancien nom de l'Allemagne fédérale ou de l'Ouest. Créée en mai 1949 avec la promulgation de la loi fondamentale, la RFA est entrée au Conseil de l'Europe* dès 1950 et dans l'Organisation du traité de l'Atlantique Nord (OTAN)* en 1955.

Le traité* de coopération de 1963 a scellé la réconciliation franco-allemande. Le traité fondamental de novembre 1972 a enfin permis aux deux Allemagnes (RFA + République démocratique allemande – RDA) de reconnaître mutuellement leur souveraineté. En novembre 1989, la chute du mur de Berlin a préfiguré la réunification de l'Allemagne réalisée le 3 octobre 1990.

Ressources propres

Ressources fiscales directement affectées au budget* de l'Union européenne (UE)*. Contrairement aux contributions nationales qui dépendent de la bonne volonté des États (situation qui a existé jusqu'en 1970), ces ressources propres ne font pas l'objet d'une décision des autorités nationales. On distingue deux types de ressources propres : les **ressources « traditionnelles »** (prélèvements agricoles et droits de douane) et les **ressources propres provenant des États membres** et calculées comme des contributions nationales (ressource TVA, « ressource PNB » ou « quatrième ressource », introduite en 1988). Le financement de cette ressource PNB, dite aussi « ressource complémentaire », est réparti entre les États membres au prorata de leur part dans le PNB communautaire. Comparée aux trois autres ressources, elle est très majoritaire : dans le budget communautaire 2004, 73,5 % sont absorbés par la ressource PNB, contre 14,3 % pour la ressource TVA, 10,1 % pour les droits de douane, et 1,3 % pour les prélèvements agricoles.

➡ **Articles clés.** 269 CE : « Le budget est [...] intégralement financé par des ressources propres. », I-54, III-405 et 412 de la Constitution européenne*.

Retrait volontaire de l'Union européenne (Droit de)

Comme l'indique Philippe Moreau Defarges*, les traités* ne contiennent aucune clause de retrait. Jusqu'à la Constitution européenne*, l'appartenance d'un État à l'Union européenne

(UE)* impliquait un engagement irréversible (bien qu'en 1974 le Royaume-Uni, qui envisageait de se retirer, aurait pu le faire). Tenant compte des inquiétudes des Pays d'Europe centrale et orientale (PECO) marqués par la période soviétique, la Constitution autorise explicitement ce retrait. Dans cette hypothèse, l'UE « négocie et conclut avec cet État un accord régissant les modalités de son retrait. » (le Conseil des ministres* statue à la majorité qualifiée*, après approbation du Parlement européen*).

➡ **Articles clés.** I-60 et III-325 de la Constitution européenne.

Révision des traités

Les traités* communautaires ont été révisés à de multiples reprises. Ces révisions ont été l'occasion de réformes profondes, lors de la conclusion de l'Acte unique européen*, des traités de Maastricht*, Amsterdam* et Nice* ou ont apporté des modifications plus ciblées, comme ce fut le cas des actes suivants :

- traité de fusion des exécutifs du 8 avril 1965 (entré en vigueur en août 1967) qui institue un Conseil* et une Commission* uniques pour les trois Communautés ;
- traités de Luxembourg (signé le 22/04/1970 et entré en vigueur le 01/01/1971) et de Bruxelles (signé le 22/07/1975 et entré en vigueur le 01/06/977) relatifs aux prérogatives budgétaires du Parlement européen (PE)* ;
- décisions successives relatives au financement des Communautés par des ressources propres* (décisions du Conseil des 21/04/1970, 07/05/1985, 24/06/1988 et 31/12/1994) ;
- de la décision du Conseil du 20 septembre 1976 (entrée en vigueur le 01/07/1978) relative à l'élection du PE au suffrage universel direct ;
- traités successifs d'adhésion de nouveaux États membres.

La procédure normale de révision est une négociation intergouvernementale (ouverture d'une Conférence intergouvernementale - CIG*) définie par l'article 48 TUE. Celui-ci stipule que « le gouvernement de tout État membre ou la Commission, peut soumettre au Conseil des projets tendant à la révision des traités sur lesquels est fondée l'Union. Si le Conseil, après avoir consulté le Parlement européen et, le cas échéant, la Commission, émet un avis favorable à la réunion d'une conférence des représentants des gouvernements des États membres, celle-ci est convoquée par le président du Conseil en vue d'arrêter d'un commun accord les modifications à apporter aux dits traités. Dans le cas de modifications institutionnelles dans le domaine monétaire, le Conseil de la Banque centrale européenne (BCE)* est également consulté. Les amendements entreront en vigueur après avoir été ratifiés par tous les États membres, conformément à leurs règles constitutionnelles respectives. »

Les procédures de révision simplifiée restent très limitées : elles ne font intervenir que les institutions communautaires (exemple : « petite révision » du traité CECA), à l'exclusion de la phase de conférence diplomatique intergouvernementale et de la phase de ratification par les États pour les traités.

La Constitution européenne* prévoit la possibilité pour le PE de proposer une révision du traité, les projets de révision devant être notifiés aux Parlements nationaux des États membres.

Quant à la jurisprudence*, la Cour de justice des Communautés européennes (CJCE)* considère que les modifications des traités constitutifs ne peuvent résulter que d'une révision opérée conformément à la procédure qu'ils prévoient (CJCE, Royaume-Uni, 23/02/1988). En vérité, certaines initiatives bilatérales ou multilatérales, notamment en matière de défense* ou sur les questions de Justice et affaires intérieures (JAI)*, contribuent à l'évolution de la construction communautaire. D'où le mécanisme des coopérations renforcées*.

Articles clés. 48 TUE, IV-443 (procédure de révision ordinaire), IV-444 (procédure de révision simplifiée), IV-445 (procédure de révision simplifiée concernant les politiques et actions internes de l'Union) de la Constitution européenne.

Santé publique

L'action de l'Union européenne (UE)* en ce domaine complète celle des États membres. **La Constitution européenne* prévoit** d'ajouter à la lutte contre les « grands fléaux transfrontaliers » : la surveillance, l'alerte et la lutte contre des menaces graves sur la santé, l'établissement de mesures fixant des normes élevées de qualité et de sécurité des produits médicaux, des mesures de protection de la santé publique en ce qui concerne le tabac et l'alcool. Cette action est menée dans le respect des responsabilités des États membres en ce qui concerne la définition de leur politique de santé. Ils sont encouragés à coopérer entre eux, la Commission européenne* promouvant la coordination des échanges.

Articles clés. 152 CE, I-14 (compétence partagée), I-17 (domaines des actions d'appui, de coordination ou de complément), Charte des droits fondamentaux* (II-95 : protection de la santé), III-278 de la Constitution européenne.

Secrétariat général du comité interministériel pour les questions de coopération économique européenne (SGCI)

Créé en 1948 par un décret du ministre des Affaires étrangères Robert Schuman, l'un des pères de l'Europe*, le

SGCI avait à l'époque pour mission de coordonner l'action des administrations françaises impliquées dans l'effort de relèvement économique entrepris sous l'impulsion du plan Marshall. Avec la création des trois communautés (Communauté européenne du charbon et de l'acier – CECA –*, Communauté économique européenne – CEE –* et Euratom*), son activité s'est centrée sur les questions relatives aux relations entre la France et ces Communautés. Aujourd'hui, le SGCI a une vocation interministérielle. À ce titre, il est directement rattaché au Premier ministre (le secrétaire général est nommé en Conseil des ministres et cumule habituellement sa fonction avec celle de conseiller du Premier ministre pour les questions européennes). Le SGCI est composé d'environ 200 personnes issues des différents ministères, ce qui permet à ces derniers d'assurer leur influence. L'organigramme simplifié du SGCI fait apparaître un conseiller juridique et trois secrétaires généraux adjoints à la tête de plusieurs services (espace judiciaire, sécurité, libre circulation, OCDE, agriculture-pêche, élargissement, Euratom, industrie-recherche, etc.). Les **trois missions principales** du SGCI sont : l'arbitrage entre les positions des différents ministères avant l'adoption de la position française, la diffusion de l'information communautaire aux ministères et au Parlement, le suivi de l'application nationale du droit communautaire*. Le SGCI est un modèle original au sein de l'Union européenne (UE)* : le Royaume-Uni dispose d'une structure plus légère (le *Cabinet Office European Secretariat*), l'Allemagne subit les rapports de force du gouvernement fédéral et des Länder, ce qui rend complexe la mission de coordination.

→ **Source.** IGPDE*

Internet. www.sgci.gouv.fr

Sécurité

→ **Articles clés.** III-257 à 277, III-284 (protection civile), III-436 (sécurité de chaque État membre) de la Constitution européenne*.

Voir Europol, Eurojust*, Politique étrangère et de sécurité commune (PESC)*, Politique européenne de sécurité et de défense (PESD)*.*

Serpent monétaire européen

Créé par l'Europe* des Six (et le Royaume-Uni) en 1972, le serpent monétaire européen était un mécanisme qui tendait à rétrécir les marges de fluctuation entre les monnaies européennes. Instrument insuffisant du fait que les États membres en sortaient à cause de leurs difficultés économiques, il est à l'origine du Fonds européen de coopération monétaire (FECOM)* et du Système monétaire européen (SME)*.

Services d'intérêt économique général (SIEG)

L'article 16 CE les définit de façon générale et les présente comme des « valeurs communes de l'Union », en insistant sur leur « rôle dans la promotion de la cohésion sociale et territoriale ». Le SIEG correspond aux activités de service, marchand ou non, considérées d'intérêt général par les autorités publiques et soumises à des obligations spécifiques de service public. Longtemps la conception minimale communautaire du service public s'est heurtée à une « certaine idée » française de ce dernier, incarné par la « Conception française du service public » (CFSP), laquelle est basée sur une forte intervention étatique, un cadre juridique riche et une dimension sociale. La notion de service public est loin d'occuper une place centrale dans les premiers textes de la construction européenne (le traité* de Rome* de 1957 aborde la question au travers des règles de concurrence*). Jusqu'au Livre blanc* sur le marché intérieur* de 1985, le service public est resté largement ignoré par le droit communautaire*, moins par indifférence que par approches différentes. En effet, ce droit reflète les différences de conception entre les pays membres : il oscille entre reconnaissance du secteur public et souci d'assurer les règles de concurrence. Les pays du Sud de l'Europe* et la Belgique ont une conception proche de la CFSP. Les pays nordiques et les Pays-Bas n'accordent qu'une place restreinte aux autorités publiques mais connaissent des notions proches de notre service public. Le Royaume-Uni connaît la notion de *public utility*, qui désigne les activités nécessitant des conditions spécifiques de régulation et ne pouvant intégralement être laissées au marché.

Le **service universel** est une notion apparue aux États-Unis et réceptionnée par le droit communautaire dans les années 1980. Il constitue « le service de base ouvert à tous dans l'ensemble de la communauté à des conditions tarifaires abordables et avec un niveau de qualité standard » (rapport de la Commission européenne* de 1992 sur les télécommunications). Le service universel a pour vocation d'offrir au citoyen européen un accès égal à un service de qualité, universel, continu, adaptable et transparent. Contrairement à la notion de SIEG qui autorise certaines dérogations au droit de la concurrence*, le service universel s'inscrit dans une optique non concurrentielle en tentant de corriger les effets d'une libre concurrence. Il apparaît ainsi comme une préfiguration d'un service public de l'Union européenne (UE)* traduisant l'émergence d'un intérêt général communautaire. Il concerne essentiellement les services en réseau et vise à éviter que le libre jeu de la concurrence ne fasse disparaître de certaines régions le service public en question, dont le fonctionnement est structurellement déficitaire. C'est donc un service de base, qui peu à peu est distillé dans le droit interne.

La jurisprudence de la Cour de justice des Communautés européennes (CJCE)* reconnaît comme SIEG : la poste, l'électricité, les pompes funèbres, les transports* ferroviaires et aériens, la distribution de l'eau, l'offre publique de placement de la main-d'œuvre, les activités portuaires. Est ainsi clairement affirmée la mission d'intérêt général pouvant primer sur les règles de concurrence.

➡ **Source.** IGPDE*

Articles clés. Charte des droits fondamentaux* (II-96 : accès aux services d'intérêt économique général), III-122, III-166 de la Constitution européenne*.

Socrates (Programme)

Programme d'action communautaire (2000-2006) dans le domaine de l'éducation*. Il comprend les actions Comenius, Erasmus (Mundus)*, Grundtvig, Lingua et Minerva. Grâce à un système de cofinancement de projets, il a pour objectif de renforcer la qualité de l'éducation et de la formation initiale, tout en développant la coopération entre établissements au niveau européen. Il fonctionne par appels à candidatures publiés au *Journal officiel* de l'Union européenne (JOUE)*. En fonction des actions, la sélection se fait soit au niveau européen (responsabilité de la Commission européenne* assistée par le Bureau d'assistance technique Socrates, Leonardo et Jeunesse), soit au niveau français (Agence Socrates-Leonardo). Budget : 1,85 milliard d'euros pour 2000-2006.

→ **Sources.** Centre d'information sur l'Europe, www.info-europe.fr, www.socrates-leonardo.fr.

Sources du droit communautaire (et hiérarchie)

Elles incluent le droit originaire ou primaire, le droit dérivé, les principes généraux du droit, la jurisprudence*, les sources externes. Comme l'indique Jean-Claude Zarka*, le droit communautaire* résulte à la fois de sources écrites (**droit communautaire primaire** = trois traités* constitutifs instituant les Communautés* CECA*, CEE*, EURATOM* + actes qui les ont enrichis ou modifiés ; **droit communautaire conventionnel** = accords conclus par la Communauté ou par les États membres avec des pays tiers ou entre eux ; et **droit communautaire dérivé** = règlement*, directive*, décision*, recommandation*) et de sources non écrites (jurisprudence et principes généraux du droit, ces derniers ayant une valeur supérieure au droit communautaire dérivé ainsi qu'aux accords que la Communauté conclut avec des pays tiers). Ces sources se caractérisent également par leur hiérarchisation. Enfin la jurisprudence et non les traités fixe la hiérarchie des sources du droit européen. Création de droits et d'obligations, la source du droit communautaire constitue donc un ensemble ordonné par un principe de hiérarchie des normes. Les **traités constitutifs** sont au sommet de cette hiérarchie, étant entendu que les conventions et protocoles annexes ont la même valeur que les traités *stricto sensu* (*idem* pour les accords d'adhésion, les actes communautaires soumis à l'approbation des États membres – et approuvés –, les déclarations annexées). Viennent ensuite les **principes généraux** (dont en majorité les « droits fondamentaux » confirmés par les traités de Maastricht* et d'Amsterdam*), d'où le principe d'égalité de traitement, le respect de la propriété, le libre exercice des activités économiques et professionnelles, le respect de la vie privée et familiale, du domicile et de la correspondance, etc. ; puis les **accords internationaux** auxquels une communauté est partie, enfin les **actes unilatéraux à portée obligatoire** (règlement, décision, directive).

La Constitution européenne* pose une hiérarchie entre les différentes normes européennes, le « traité constitutionnel » étant au sommet de la pyramide. Les règlements deviennent lois européennes*, les directives sont renommées lois-cadres*.

➡ **Articles clés.** I-33 à I-39 de la Constitution européenne.

Spécialité (Principe de)

Ce principe s'applique aux Communautés, en fonction des traités*. Cependant il peut y avoir attribution de compétences nouvelles sans révision* des traités. Les compétences implicites, qui découlent d'une interprétation globale du traité, ont été appliquées par la Cour de justice des Communautés européennes (CJCE)* pour permettre à la Communauté

économique européenne (CEE)* de conclure des accords internationaux dans des domaines autres qu'accords commerciaux ou accords d'association.

➡ **Articles clés.** Partie III de la Constitution européenne*.

Spinelli (Projet)

Résolution adoptée le 14 février 1984 par le Parlement européen (PE)*, le projet Altiero Spinelli préconisait la mise en place d'un État fédéral souverain ainsi que la création d'une Union européenne (UE)* dotée de la personnalité juridique. Cette UE verra le jour neuf ans plus tard, à la suite de la ratification du traité de Maastricht*. Comme l'indique Philippe Moreau Defarges*, « l'UE du plan Spinelli est souple, pouvant agir par les seules institutions de l'union dans les domaines relevant de sa compétence exclusive, mais également par la coopération interétatique lorsque les États n'ont pas transféré leurs compétences vers l'Union. » Dans son discours de mai 2000, le ministre des Affaires étrangères allemand Joschka Fischer a évoqué deux possibilités pour l'UE : une Europe confédérale dont l'exécutif serait le Conseil des ministres*, une Europe fédérale avec la Commission européenne* pour exécutif. Aujourd'hui, il s'agit moins d'écarter les États ou de rogner les pouvoirs de la Commission, que de remédier à des dynamiques dont la concurrence nuit au projet européen dans son ensemble.

Stratégie commune

Concept introduit en 1997 par le traité* d'Amsterdam*, la stratégie commune relève du domaine de la Politique étrangère et de sécurité commune (PESC)*. Définies par le Conseil européen*, les stratégies communes sont recommandées par le Conseil des ministres* chargé de les mettre en œuvre (d'où les actions communes*).

➡ **Articles clés.** III-294 à 308 de la Constitution européenne*.

Subsidiarité (Principe de)

Notion juridique et politique introduite par le traité* de Maastricht*, ce principe consiste à « mener les tâches qui peuvent être entreprises en commun de manière plus efficace que par les États membres œuvrant séparément ». Il s'applique dans trois domaines : cohésion économique et sociale, recherche* et développement (R & D) technologique, environnement*. Les actions relevant de ce principe sont visibles aux échelles locale, régionale et nationale. En bref, la subsidiarité vise à éviter les prises de décision centralisées et reconnaît aux autorités locales et régionales un rôle politique parfois plus important que celui que leur accordent les États nationaux. Les membres du Comité des régions* de l'Union européenne (UE)* utilisent ce principe précisé dans un protocole passé entre la Commission européenne*, le Parlement européen (PE)* et le Conseil des ministres* en 1993. Le protocole d'Amsterdam* (1997), qui porte essentiellement sur ce principe – ainsi qu'au principe de proportionnalité* –, impose à toutes les institutions de veiller à leur respect.

➡ **Articles clés.** 5 TUE, I-11 de la Constitution européenne.

Syndicalisme dans l'Union européenne

Il existe trois sortes de syndicalismes : le syndicalisme d'opposition (France, pays du sud de l'Union européenne – UE –*, Royaume-Uni), le syndicalisme réformiste (Allemagne), le syndicalisme de corporation (Scandinavie, où le taux de syndicalisation est le plus fort : 8 salariés/10).

Voir Partenaires sociaux.*

➡ **Articles clés.** I-48, Charte des droits fondamentaux* (II-72 : liberté de réunion et d'association ; II-88 : droit de négociation et d'actions collectives) de la Constitution européenne*.

Systèmes éducatifs en Europe

Il n'existe pas de modèle éducatif européen mais une diversité de systèmes pratiqués au sein de l'Union européenne (UE)*. On en retient quatre : l'école unique (pays scandinaves), l'école polyvalente (Royaume-Uni), l'école à filières (Allemagne, Autriche, Luxembourg) et le tronc commun (France, Italie, Espagne, Grèce, Portugal). Selon Francine Vaniscotte (secrétaire générale de l'Institut Européen pour la promotion des innovations et de la culture dans l'éducation – EPICE : www.institut-epice.org), cette diversité des systèmes éducatifs résulte de profondes disparités religieuses, culturelles et idéologiques. Des facteurs de convergence existent cependant : conceptions administratives et économiques de l'éducation* relativement proches, substrat pédagogique commun, développement de la mobilité et homogénéisation culturelle. Le système LMD (Licence, Master, Doctorat) illustre cette nouvelle tendance.

Système européen de banques centrales (SEBC)

Depuis l'entrée en vigueur de l'Union économique et monétaire (UEM)*, en 1999, la politique monétaire est gérée par le SEBC. Celui-ci réunit la Banque centrale européenne (BCE)* et les banques centrales nationales. En bref, le SEBC permet d'intégrer les banques centrales nationales dans le système communautaire. Au sein de ce système, dirigé par le Conseil des gouverneurs, le Conseil général et le Directoire, le devoir d'indépendance défini pour la BCE s'applique aux banques centrales nationales et à leurs gouverneurs, de telle sorte que les actes juridiques pris par une autorité nationale relèvent directement du contrôle de la Cour de justice des Communautés européennes (CJCE)*. Le SEBC est aussi appelé Eurosystème, terme consacré par la Constitution européenne*. Depuis l'élargissement* de l'Union européenne (UE)* du 1er mai 2004, le SEBC couvre les 25 États membres.

Toutefois, en 2005 seuls 12 de ces pays appartiennent à la zone euro*.

➡ **Articles clés.** I-30 et III-185 à 190 de la Constitution européenne*.

Système monétaire européen (SME)

Entré en vigueur en mars 1979, le SME a été créé lors des Conseils européens de Brême (juillet 1978) et de Bruxelles (décembre 1978). L'élément essentiel de son mécanisme consiste à limiter les fluctuations des monnaies les unes par rapport aux autres, ceci grâce à l'appui des banques centrales. Le SME a été progressivement remplacé par l'Union économique et monétaire (UEM)*.

TACIS, PHARE, SAPARD, ISPA

Ces programmes encouragent la démocratie et le développement économique des Nouveaux États indépendants (NEI) et des Pays d'Europe centrale et orientale (PECO)*. TACIS (2000-2006) encourage la démocratisation, l'État de droit et la transition vers l'économie de marché des NEI, par la fourniture d'une assistance technique, de transfert de savoir-faire au secteur public et privé ou le cofinancement de projets. À l'instar des programmes SAPARD (*Special Accession Program for Agriculture and Rural Development*, aide en faveur de l'agriculture et du développement rural) et ISPA (*Instrument for Structural Policies for Pre-Accession*, aide financière), PHARE (Pologne-Hongrie aide à la reconstruction économique) a été lancé pour permettre aux PECO de s'aligner sur les États membres de l'Union européenne (UE)*.

*Voir MEDA**.

➡ **Source.** http://www.ladocumentationfrancaise.fr

Tindemans (Projet)

Projet d'union politique enterré par le Conseil européen* en 1975.

Traité

Accord international conclu par écrit et signé entre deux ou plusieurs pays. Dans le cas de l'Europe*, il crée des Communautés ainsi que, depuis le traité de Maastricht*, l'Union européenne (UE)*. L'entrée en vigueur d'un traité résulte d'une signature suivie d'une ratification par les États en vertu de leurs règles constitutionnelles respectives. « Tous les traités, sauf le traité CECA, ont été conclus pour une durée illimitée. Ils ne peuvent donc disparaître qu'à la suite d'une décision expresse d'abrogation prise à l'unanimité ou d'un retrait unilatéral de tous les membres » (Philippe Manin*). Selon la Cour de justice des Communautés européennes (CJCE)*, les traités constitutifs jouent, pour les Communautés, le rôle que joue une Constitution pour un État. **La Constitution européenne* a pour objet** de les unifier.

➡ **Articles clés.** IV-437 à 448 de la Constitution européenne.

Traité d'Amsterdam (1997)

Le traité* d'Amsterdam est le résultat de la Conférence intergouvernementale (CIG)* lancée le 29 mars 1996 lors du Conseil européen de Turin et de la commission de réflexion composée de députés européens créée en 1994. Il a été adopté au Conseil européen d'Amsterdam (16 et 17/06/1997) puis signé le 2 octobre 1997. Entré en vigueur le 1er mai 1999, ce traité révise le traité de Maastricht*, notamment en accroissant le rôle des institutions communautaires et en instaurant de nouvelles procédures de travail et de prise de décision. Ainsi le Parlement européen (PE)* est renforcé puisqu'il partage désormais le pouvoir de décision avec la Commission européenne*. Enfin le traité pose les jalons d'une Politique étrangère et de sécurité commune (PESC)* plus efficace (création d'un haut représentant pour la PESC, définition de « stratégies communes »*), tout en prévoyant le renforcement de la politique sociale* et de l'emploi* et en renforçant les droits du citoyen européen.

Traité de Maastricht (1992)

Conclu le 10 décembre 1991 par les chefs d'État et de gouvernement de l'Europe* des Douze, signé le 7 février 1992 et entré en vigueur le 1er novembre 1993, ce traité est aussi important que le traité de Rome* (1957) pour plusieurs raisons. Outre le fait qu'il fixe l'objectif de création d'une monnaie unique au 1er janvier 1999 dans le cadre de l'Union économique et monétaire (UEM)*, il reconnaît une citoyenneté européenne*. Enfin il réorganise le système communautaire pour donner naissance à l'Union européenne (UE)*, ceci à travers trois piliers* : le premier pilier regroupe l'ensemble des dispositions contenues dans la Communauté européenne du charbon et de l'acier (CECA), la Communauté économique européenne (CEE)* et Euratom ; le second pilier instaure une coopération dans les domaines de la défense*, la sécurité* et les affaires extérieures ; le troisième pilier offre une coopération en matière de Justice et d'affaires intérieures (JAI)*. En bref, le traité de Maastricht donne une vocation politique à l'Europe communautaire. L'Union politique regroupe ainsi **5 innovations** : (1) élargissement du champ de compétence de l'Europe communautaire (introduction de nouvelles matières : politique industrielle, grands réseaux transeuropéens de transport*, protection des consommateurs, éducation*, formation professionnelle, culture*, santé* publique ; introduction du principe de subsidiarité*) ; (2) accroissement des compétences du Parlement européen (PE)* ; (3) coopération des États membres en matière de JAI ; (4) Politique étrangère et de sécurité commune (PESC)* avec deux instruments : la coopération systématique entre les États membres et la mise en œuvre d'actions communes* ; (5) citoyenneté européenne.

Traité de Nice (2001)

Adopté le 11 décembre 2000, à l'issue du Conseil européen de Nice, signé le 26 février 2001 (et entré en vigueur le 01/02/2003) après les négociations ultimes au sein de la Conférence intergouvernementale (CIG)* en décembre 2000, il prend en compte la perspective de l'élargissement* pour la répartition des pouvoirs au sein des institutions européennes (pondération des voix, système de « double majorité » au Conseil des ministres*, règles de vote par secteurs, nombre de sièges au Parlement européen*...). Il apporte d'importantes modifications au système institutionnel (taille et composition de la Commission européenne*, extension du vote à la majorité qualifiée*) de l'Union et précise les règles de la coopération renforcée* dans certains domaines dont la Politique étrangère et de sécurité commune (PESC)*.

Traité de Rome (1957)

Instituant la Communauté économique européenne (CEE)* et la Communauté européenne de l'énergie atomique (CEEA ou Euratom)*, ce traité avait pour mission de réaliser (art. 2) « un marché commun et, par le rapprochement progressif des politiques économiques* des États membres, de promouvoir un développement harmonieux des activités économiques dans l'ensemble de la Communauté, une expansion continue et équilibrée, une stabilité accrue, un relèvement accéléré du niveau de vie et des relations plus étroites entre les États qu'elle réunit. »

Transports

Voir Politique européenne des transports.*

Tribunal de première instance (TPI) [*Court of First Instance of the European Communities*]

Envisagé par l'Acte unique européen* et confirmé par le Conseil des ministres* en octobre 1988, il a été créé en 1989 afin d'alléger la charge de travail de la Cour de justice des Communautés européennes (CJCE)*. Il est composé de 25 juges désignés par les gouvernements des États membres pour six ans renouvelables. Ces juges désignent un président mais ne sont pas assistés d'avocats généraux, contrairement aux juges de la CJCE. Le TPI est chargé des recours* directs introduits contre la Communauté européenne (CE) et la Commission européenne* par des personnes physiques ou morales. Il juge aussi les litiges qui opposent la CE à ses personnels, c'est-à-dire les fonctionnaires et agents employés par l'Union européenne (UE)*. En octobre 1999, il statuait pour la première fois en formation de « juge unique ». **La Constitution européenne* prévoit** de le renommer Tribunal de grande instance.

→ **Siège.** Luxembourg
Internet. www.curia.eu.int/eu
Ne pas confondre avec le TPI : Tribunal pénal international.
Articles clés. I-29, III-356 à 359 de la Constitution européenne.

Unanimité

Règle de votation pour toutes les décisions relatives à la fiscalité européenne*, aux ressources propres*, aux perspectives financières* (ou cadre financier pluriannuel) et partiellement dans les domaines de la Politique étrangère et de sécurité commune (PESC)* et de la politique sociale*. **La**

Constitution européenne* prévoit une clause « passerelle » permettant de décider, à l'unanimité, que dorénavant un domaine sera régi par la majorité qualifiée* (le Conseil européen* peut décider, après approbation du Parlement européen*). Cependant, l'opposition formelle d'un seul Parlement national suffira à bloquer l'application de la « passerelle ».

➡ **Articles clés.** IV-444 et 445 de la Constitution européenne.

Union de l'Europe occidentale (UEO) [*Western European Union – WEU*]

Organisation de défense mutuelle intergouvernementale et distincte de l'Union européenne (UE)*. Instituée par le traité de Bruxelles de 1948 (modifié par les accords de Paris de 1954), l'UEO (initialement traité de l'Union occidentale) a vu son rôle s'élargir à la suite de l'échec, en août 1954, de la Communauté européenne de défense (CED)* : l'Italie et la République fédérale d'Allemagne (RFA)* ont rejoint l'UEO peu après cette crise.

La **disposition de défense mutuelle** contenue dans l'article 5 du traité concerne les dix membres pleins de l'UEO : Allemagne, Belgique, Espagne, France, Grèce, Italie, Luxembourg, Pays-Bas, Portugal et Royaume-Uni. Certains membres de l'UE ne sont en effet qu'observateurs de l'UEO : Irlande, Autriche, Suède, Finlande et Danemark. Contrairement à l'Organisation du traité de l'Atlantique Nord (OTAN)*, l'UEO ne dispose pas de structure opérationnelle. Toutefois c'est la seule organisation exclusivement européenne compétente en matière de défense, ce qui explique qu'elle est incontournable sur le sujet de la Politique étrangère et de sécurité commune (PESC)*. **La Constitution européenne* évoque** l'obligation de défense mutuelle (art. I-41) qui n'entrera en vigueur qu'une fois que le Conseil européen* aura arrêté à l'unanimité une Politique européenne de sécurité et de défense (PESD)*.

➡ **Siège.** Bruxelles, Belgique.

Internet. www.weu.int

Union des Confédérations de l'industrie et des employeurs d'Europe (UNICE) [*Union of Industrial and Employers' Confederation of Europe*]

Tirant son origine du regroupement des organisations patronales de l'Europe des Six, ceci afin de surveiller notamment les développements de la Communauté européenne du charbon et de l'acier (CECA)*, l'UNICE a été créée en 1958 sous le nom d'Union des industries de la Communauté européenne. Ses objectifs d'origine étaient : réunir les fédérations industrielles centrales pour favoriser une solidarité entre elles ; encourager une politique industrielle compétitive au niveau européen ; être un porte-parole auprès des institutions européennes. Aujourd'hui l'UNICE se concentre sur quatre missions : « encourager l'esprit d'entreprise, faire de la place à l'entreprenariat, améliorer la flexibilité du marché du travail, promouvoir une politique équilibrée du développement durable. » L'UNICE regroupe actuellement près de 40 fédérations issues de 29 pays.

Voir Partenaires sociaux.*

➠ **Siège.** Bruxelles.
Internet. www.unice.org

Union économique et monétaire (UEM) [*Economic and Monetary Union – EMU*]

Alors que la politique économique demeure de la compétence des États, la politique monétaire est « communautarisée ». Avant l'UEM, qui tire son origine du rapport Werner*, le traité* employait les expressions « coordination », « consultation mutuelle », « question d'intérêt commun ». Avec le traité de Maastricht*, les conditions d'adoption de la monnaie unique ont progressivement été réunies (3 phases, 5 critères de convergence*).

Étapes

Le 1er juillet 1990, la première étape de l'UEM est entrée en vigueur avec la directive* sur la libération des capitaux. Le 1er janvier 1994, la deuxième étape de l'UEM a vu la création de l'Institut monétaire européen (IME)* à Francfort, chargé de la mise en place de la future Banque centrale européenne (BCE)*. Le 1er janvier 1999, la troisième phase de l'UEM a démarré avec l'instauration de l'Union monétaire, fixation irrévocable des parités, création de l'euro*. Parallèlement, le Système européen de banques centrales (SEBC)* définit et met en œuvre la politique monétaire unique. Selon Philippe Moreau Defarges*, « en 2004, l'UEM est loin d'être achevée : coordination des politiques économiques*, instauration d'instruments budgétaires, éventuellement harmonisation fiscale... »

➡ **Articles clés.** I-13 (compétence exclusive), I-30, III-185 à 190 de la Constitution européenne*.

Union européenne (UE) [*European Union – EU*]

Si l'objectif d'une « Union européenne » est affirmé dès le Sommet de Paris en octobre 1972* et réaffirmé au Conseil européen de Stuttgart en juin 1983* ainsi que par le Parlement européen (PE)* (rapport Spinelli*), ce n'est qu'au début des années 1990 que ce projet se concrétise. Instituée par le traité* de Maastricht* de 1992 et entrée en vigueur le 1er novembre 1993, l'UE est une organisation qui regroupe, depuis le 1er mai 2004, 25 États (sur les quelque 36 États du continent) représentant une population estimée à 454,9 millions d'habitants (01/01/2004). La superficie de l'UE est désormais d'environ 4 000 000 km^2, alors que l'Europe* s'étend sur environ 10 500 000 km^2 de l'Atlantique à l'Oural. Juridiquement, l'UE est constituée d'un cadre institutionnel unique (Conseil européen*, Conseil des ministres*,

Commission européenne* et PE) et des trois piliers* communautaires : les Communautés européennes (CE)*, la Politique étrangère et de sécurité commune (PESC)*, la coopération policière et judiciaire en matière pénale. **La Constitution européenne* prévoit** de lui donner la personnalité juridique (art. I-7).

➡ **Internet.** http://europa.eu.int

Werner (Rapport)

Du nom du chef du gouvernement luxembourgeois Pierre Werner (1913-2002), chargé en 1970 par le Conseil des ministres* d'étudier la création d'une Union économique et monétaire (UEM)*, ce rapport préfigure les propositions de monnaie unique de la fin des années 1980. Bien qu'il soit à l'origine de l'objectif d'une UEM, le projet contenu dans le rapport a été abandonné, en raison de l'écroulement du système de Bretton Woods (taux de change fixe entre les monnaies), en 1971, lequel a provoqué des tensions entre les Européens. Le projet Werner fait de son auteur l'inspirateur du « plan Delors » qui a conduit au traité* de Maastricht* en 1992 et à l'euro* sous sa forme fiduciaire, en janvier 2002.

Z

Zone Euro

Avec 304 millions d'habitants, la zone euro constitue le deuxième pôle monétaire derrière le dollar américain et loin devant le yen japonais. Comparée aux États-Unis, elle dispose d'un produit intérieur brut inférieur, mais sa part dans le commerce mondial est plus grande. Au-delà des seuls pays membres de l'Union européenne (UE)* et de la zone euro (12 États parmi les plus développés du monde : Allemagne, Autriche, Belgique, Espagne, Finlande, France, Grèce, Irlande, Italie, Luxembourg, Pays-Bas, Portugal), l'euro* dispose d'une zone d'influence importante. Europe centrale et orientale (grâce à l'ancien deutschemark allemand), Afrique de l'Ouest et Afrique centrale (zone franc CFA : Communauté financière africaine), bassin méditerranéen, bref une petite centaine de pays dépendent de « l'hémisphère » européen. Ils ont même adopté l'euro comme monnaie de référence. À l'avenir, l'euro dispose donc d'atouts pour devenir une monnaie de réserve aussi puissante que le dollar, d'autant que l'union politique devrait être la prochaine étape, quelle que soit la forme qui sera adoptée.

Principales étapes de la construction communautaire

Congrès de l'Europe à La Haye, 7 mai 1948

Aboutissement de l'appel (sur l'impulsion de l'Union européenne des fédéralistes) pour la convocation d'États généraux européens, ce congrès voit l'affrontement entre deux conceptions de l'Europe : l'une, française et fédéraliste, l'autre, britannique et se limitant à une coopération institutionnalisée entre les gouvernements. D'où le clivage fédéralistes / intergouvernementalistes. Sans doute parce que l'Europe communautaire était embryonnaire, ce congrès n'a pas donné lieu à des propositions claires.

Conseil de l'Europe (création le 5 mai 1949)

Conférence intergouvernementale de rédaction du traité de Paris, 20 juin 1950 au 18 avril 1951

Après ratification par la France, la RFA, l'Italie et le Benelux, le traité de Paris (entré en vigueur le 25/07/1951) débouche sur la création de la Communauté européenne du charbon et de l'acier (CECA).

Traité de Paris de 1952

Création de la Cour de justice des Communautés européennes (CJCE) et de la Communauté européenne de défense (CED).

Conférence de Messine, 1-3 juin 1955

Au cours de cette conférence, les six se prononcent en faveur d'un marché commun général, d'une harmonisation des politiques sociales et d'un marché commun nucléaire.

Conférence de Venise, 29-30 mai 1956

Examen du rapport du comité Spaak relatif aux trois objectifs qui figuraient à la conférence de Messine.

Conférence intergouvernementale du 26 juin 1956 au 25 mars 1957, date de la signature à Rome

Négociations menant à la signature du traité de Rome créant la Communauté économique européenne (CEE) et Euratom.

Traité du 8 avril 1965

Entré en vigueur en 1967, ce traité institue un Conseil unique et une Commission unique des Communautés européennes.

Sommet de La Haye, 1er et 2 décembre 1969

Relance de la construction européenne autour du triptyque « achèvement, approfondissement, élargissement » :

- achèvement du Marché commun pour le 1er janvier 1970 ;
- plan Barre et projets d'union économique et monétaire (pour 1980) ;

- ouverture des négociations en parallèle à l'approfondissement.

Traités de Luxembourg du 22 avril 1970 et de Bruxelles du 22 juillet 1975

Élargissement des pouvoirs du Parlement européen (PE) : le PE devient, à égalité avec le Conseil, l'une des branches de l'autorité budgétaire. Il dispose en particulier du « dernier mot » sur les dépenses non obligatoires et du pouvoir – exercé par l'intermédiaire de son président – d'arrêter le budget de la Communauté. Il peut ainsi rejeter le projet de budget dans son ensemble. À l'instar de la Cour des comptes*, créée par le traité du 22 juillet 1975, le PE contrôle également l'exécution du budget et donne décharge à la Commission.
Le traité de 1970 remplace les contributions des États membres par des ressources propres.

Sommet de Paris d'octobre 1972

Les chefs d'État ou de gouvernement se donnent comme objectif majeur de transformer, avant la fin des années 1970, l'ensemble des relations des États membres en une Union européenne.

Sommet de Paris de décembre 1974

Le Belge Tindemans a pour mission d'établir un rapport (remis en 1975) sur « l'Union européenne ».

Conseil européen de Stuttgart, juin 1983

Adoption d'une « Déclaration solennelle sur l'Union européenne ».

Conseil européen de Fontainebleau, juin 1984

Décision de constituer un comité *ad hoc* pour les questions institutionnelles (comité Dooge du nom de son président). Le rapport, remis en mars 1985, concerne les institutions et le marché intérieur. S'agissant de ce dernier, en juin 1985 la Commission européenne rend public son « Livre blanc » (rapport).

Conseil européen de Milan, 28-29 juin 1985

Approbation des propositions tendant à réaliser le marché intérieur.

Accords de Schengen, 14 juin 1985

Signés d'abord entre la France, la RFA et les pays du Benelux, les accords de Schengen prévoient un allégement des contrôles aux frontières, puis leur transfert aux frontières extérieures de ces mêmes pays à partir du 1er janvier 1990. Aujourd'hui étendu à près de vingt États (dont des pays non membres de l'UE tels que l'Islande et la Norvège), l'espace Schengen pose le principe du libre franchissement des frontières intérieures, c'est-à-dire la libre circulation des personnes. En contrepartie, la « convention d'application » de Schengen, signée le 19 juin 1990, met en place une coopération policière, judiciaire et douanière entre les États ainsi qu'une politique commune des visas et du droit d'asile. À l'exception du Royaume-Uni et de l'Irlande, tous les autres États Schengen y ont adhéré.

Acte unique européen, février 1986 (entrée en vigueur le 1/07/1987)

Outre le fait qu'il tend à réaliser un grand marché intérieur – et qu'il étend la compétence communautaire à la

recherche et au développement technologique –, l'Acte unique européen améliore les institutions :
1/ instauration de la majorité qualifiée au Conseil des ministres pour la plupart des décisions nécessaires à la réalisation du marché intérieur ;
2/ extension des pouvoirs d'exécution de la Commission ;
3/ élargissement des pouvoirs du PE en matière normative grâce à l'introduction des procédures dites de coopération et d'avis conforme ; avis favorable du PE rendu obligatoire d'une part pour l'ouverture de négociations en vue de l'adhésion d'un nouvel État membre, d'autre part sur le contenu des accords d'association (par exemple les conventions de Lomé avec les États ACP) ;
4/ système juridictionnel (CJCE) complété par un tribunal de première instance ;
5/ institutionnalisation de l'existence du Conseil européen ;
6/ délégation par le Conseil des compétences d'exécution à la Commission.

Conseil européen de Hanovre, 27-28 juin 1988

Les pays membres confirment l'objectif de réalisation progressive de l'Union économique et monétaire (UEM) et de créer un comité pour l'étude de l'UEM dont la présidence est confiée à Jacques Delors.

Conseils européens de Dublin, avril 1990 puis juin 1990

Le premier Conseil examine les propositions belge et franco-allemande sur l'union politique et décide des mesures transitoires pour la future ex République démocratique allemande (RDA) : d'où des dérogations temporaires à l'application du droit communautaire dans cette zone de la future Allemagne réunifiée. Le second Conseil de Dublin annonce l'ouverture en décembre de la même année, à

Rome, de deux conférences intergouvernementales, l'une sur l'UEM, l'autre sur l'union politique.

Conseils européens de Rome, octobre 1990 puis décembre 1990

L'UE* détermine les objectifs d'un traité sur l'UEM et d'un traité sur l'union politique.

Traité de Maastricht du 7 février 1992 créant une Union européenne (entrée en vigueur le 1er novembre 1993)

1/ Le PE, le Conseil des ministres, la Commission (la durée du mandat de celle-ci passe de 4 à 5 ans), la CJCE et la Cour des comptes ont la qualité d'institutions (art. 4 CE).
2/ Création du Comité des régions – pouvoir consultatif – (à l'origine 220 membres représentant les collectivités régionales et locales) et du Médiateur.
3/ Création du Système européen de banques centrales (SEBC) et de la Banque centrale européenne (BCE).
4/ Consécration du rôle du Conseil européen en tant qu'organe donnant à l'UE les impulsions nécessaires à son développement.
5/ La procédure de codécision (art. 251 CE) confère au PE une fonction de co-législateur (le Conseil ne peut pas passer outre la position défavorable du PE). D'où un renforcement des pouvoirs du PE en matière législative (dans un rapport de 1995, la Commission a relevé 22 procédures législatives impliquant des relations différentes entre le Conseil et le PE : évolution vers un partage de la fonction législative).
6/ Attribution du droit de vote et d'éligibilité dans l'État membre de résidence à l'ensemble des citoyens européens, y compris ceux résidant dans un État membre dont ils ne sont pas les ressortissants. Les modalités de l'élection demeurent régies par les législations nationales.
7/ Consécration d'un droit d'initiative indirect du PE (art. 138 B CE).

8/ Consultation du PE (contrôle effectif du PE sur les nominations) par les gouvernements des États membres avant la désignation du président de la Commission (ce qui renforce la fonction de celui-ci).
9/ Reconnaissance, dans le domaine de l'Union économique et monétaire (UEM) d'un droit d'initiative concurrent (par rapport à la Commission) à la BCE, ainsi qu'un pouvoir d'initiative autonome au Conseil et aux États membres.
10/ Première référence expresse aux droits et libertés fondamentaux (l'article F du titre premier du traité rappelle l'existence de la Convention européenne des droits de l'homme et des libertés fondamentales signée à Rome le 04/11/1950).

Conseil européen d'Édimbourg de 1992

1/ Modification du nombre de sièges affectés à chaque État membre au sein du PE pour tenir compte de l'unification allemande et de l'élargissement de la Communauté.
2/ Répartition des fonds structurels (réformés en 1988) au profit des régions les moins développées.
3/ Décision définitive relative au siège des institutions de l'UE.

Conseil européen de Copenhague de 1993

Reconnaissance du droit pour les Pays d'Europe centrale et orientale (PECO) à adhérer à l'UE quand ils auront rempli trois critères :
1/ politique : institutions stables garantissant la démocratie, la primauté du droit, les droits de l'homme, le respect des minorités ;
2/ économique : économie de marché viable ;
3/ reprises de l'acquis communautaire : souscrire aux diverses finalités politiques, économiques et monétaires de l'UE.

Conseil européen d'Essen, décembre 1994

Confirmation des conclusions des Conseils européens de Copenhague et de Corfou : les PECO associés désireux de rejoindre l'UE le pourront dès qu'ils rempliront les conditions préalables correspondantes. La Commission est invitée à présenter un Livre blanc sur la préparation des États associés de l'Europe centrale et orientale à leur intégration dans le marché intérieur.

Conseil européen de Cannes, juin 1995

Présentation par la Commission du Livre blanc contenant un programme indicatif permettant le rapprochement de la législation des PECO à celle du marché intérieur. Il est prévu que ces pays établissent des priorités afin d'intégrer les règles communautaires.

Conseil européen de Madrid, décembre 1995

Adoption du nom « euro », future monnaie unique européenne.

Traité d'Amsterdam du 2 octobre 1997 (entrée en vigueur le 1er mai 1999)

1/ Les actions (ou positions) communes dans le domaine de la PESC sont arrêtées à l'unanimité. Mais le Conseil statue à la majorité qualifiée sur les actions ou positions communes prises dans le cadre d'une stratégie commune définie par le Conseil européen. Par ailleurs, le secrétaire général du Conseil de l'Union est le haut représentant de la PESC.

2/ Introduction dans le cadre du 2e pilier (PESC) d'un système de veto suspensif : si un membre du Conseil déclare que « pour des raisons de politique nationale importantes », il a l'intention de s'opposer à une décision devant être prise à la majorité qualifiée, il ne sera pas procédé au vote. Si le Conseil en décide ainsi à la majorité qualifiée, le Conseil européen peut être saisi de la question en vue d'une décision à l'unanimité. D'où une constitutionnalisation d'un droit de veto.

3/ Introduction des clauses de flexibilité conduisant à réserver aux seuls États parties à une coopération renforcée le droit de participer aux votes (avec pondération et majorité qualifiée calculée en transposant la proportion des voix pondérées en fonction du nombre d'États participants).

4/ Le champ de la codécision (favorable au PE) est étendu, augmentant ainsi la responsabilité du PE. L'avis conforme est étendu à la constatation par le Conseil européen de la violation des principes fondamentaux de l'Union. La codécision représente désormais plus de 50 % de l'activité législative communautaire.

5/ Le nombre de membres du PE ne doit pas dépasser 700.

6/ Renforcement de la position du président de la Commission : sa désignation par les États membres doit être approuvée par le PE (donc renforcement également du pouvoir du PE).

7/ « Communautarisation » d'une partie du troisième pilier : désormais la politique commune des visas incombe à la CE et les décisions, en la matière, doivent être prises dans un délai de trois ans à la majorité qualifiée.

Conseil européen de Luxembourg, novembre 1997

Mise en place, à l'initiative de la France, d'un système de « conférence européenne » à laquelle participent tous les pays candidats à l'UE. Après un premier rejet – par la Commission, en juillet 1997 – de la candidature turque, ce refus est confirmé, ce qui crée une crise politique grave entre l'UE et la Turquie.

Sommet franco-britannique de Saint-Malo, décembre 1998

Déclaration conjointe : la PESC doit s'articuler sur des capacités opérationnelles crédibles (idée reprise à Cologne en 1999 puis avalisée, c'est-à-dire inscrite dans les traités lors du sommet de Nice de décembre 2000).

Sommet européen de Cologne, juin 1999

L'Espagnol Javier Solana (secrétaire général de l'OTAN depuis 1995) est choisi pour être le premier « Monsieur PESC ».

Conseil européen d'Helsinki de décembre 1999

L'UE engage les négociations pour le plus grand élargissement de son histoire. Les dix PECO (Estonie, Hongrie, Lettonie, Lituanie, Pologne, Républiques slovaque et tchèque, Slovénie), Chypre et Malte sont inclus dans un même rythme d'élargissement, suite au rapport fait par la Commission en octobre 1999 sur les progrès réalisés par les PECO. La Turquie est reconnue comme un pays candidat à l'UE et bénéficie donc d'une stratégie de pré-adhésion financée. Le sommet d'Helsinki confirme aussi les ambitions de l'UE en matière de défense, en entérinant la création d'une Force d'action rapide européenne (armée terrestre de 60 000 hommes d'ici 2003).

Sommet de Lisbonne, mars 2000

L'UE s'engage à devenir, à l'horizon 2010, « l'économie de la connaissance » la plus compétitive du monde.

Traité de Nice du 26 février 2001 (entrée en vigueur le 1er février 2003)

1/ Fin des obstacles institutionnels à l'élargissement de l'UE.

2/ Proclamation de la Charte des droits fondamentaux, avancée en matière d'harmonisation sociale, de défense, d'espace judiciaire commun, de protection de l'environnement et des transports maritimes, de sécurité alimentaire, de coopérations pilotes entre les États membres les plus motivés.
3/ Nouveau partage des voix et des sièges au Conseil, à la Commission et au PE. La majorité qualifiée – étendue à une trentaine de nouvelles dispositions – sera atteinte en principe avec 258 voix sur 345, soit 74,64 % des voix, dans l'Union à 27. À partir de 2005, la Commission sera composée d'un représentant par État.
4/ Programmation d'une nouvelle conférence intergouvernementale en 2004 ayant pour objet la réponse à la question « Vers quelle Europe allons-nous et voulons-nous aller ? » (le sommet européen de Lacken, en décembre 2001, doit définir les contours, la méthode et les objectifs du nouveau rendez-vous sur le dessein de l'Europe).
5/ Renforcement du modèle social européen avec lancement de l'agenda social européen (programme de travail pour les 5 ans à venir), adoption du statut de la société européenne.

Sommet de Laeken, 14 et 15 décembre 2001

Décision de convoquer une Convention sur l'avenir de l'Europe présidée par Valéry Giscard d'Estaing. Cette Convention est composée d'une centaine de personnalités : un représentant de chaque gouvernement des Quinze, 2 parlementaires pour chaque État membre, 16 eurodéputés, 2 commissaires européens. Les 13 pays candidats à l'élargissement (y compris la Turquie) sont aussi conviés. Enfin les partenaires sociaux, en particulier la Confédération européenne des syndicats, sont invités comme observateurs permanents.
La déclaration de Laeken laisse une grande place au débat démocratique : « L'Union doit devenir plus démocratique,

plus transparente et plus efficace. Et elle doit relever trois défis fondamentaux : comment rapprocher les citoyens, et en premier lieu les jeunes, du projet européen et des institutions européennes ? Comment structurer la vie politique et l'espace politique européen dans une Europe élargie ? Comment faire de l'Union un facteur de stabilisation et un repère dans le monde nouveau, multipolaire ? » Parmi les autres questions que doit aborder la Convention, la déclaration évoque « la voie vers une Constitution ». D'où les droits fondamentaux et les droits des citoyens ainsi que les relations des États membres dans l'Union.

Conseil européen de Copenhague, 12 et 13 décembre 2002

La Commission européenne conclut les négociations avec dix pays candidats de l'Europe centrale et orientale et de la Méditerranée : Chypre, Estonie, Hongrie, Lettonie, Lituanie, Malte, Pologne, République tchèque, Slovaquie, Slovénie, afin qu'ils puissent adhérer à l'UE* le 1er mai 2004.

Concernant la Bulgarie et la Roumanie, l'objectif est de conclure les négociations à temps pour que ces pays puissent adhérer en 2007.

Enfin, s'agissant de la Turquie, un rendez-vous est fixé à décembre 2004 pour évaluer la possibilité d'ouvrir des négociations avec ce pays, si celui-ci respecte les critères de Copenhague.

Conseil européen de Thessalonique, 19 et 20 juin 2003

Avant-projet de Constitution pour l'Europe, rencontre avec les dirigeants des pays des Balkans.

Conseil européen de Bruxelles, 12-13 décembre 2003

À l'issue de la CIG devant transformer le document élaboré par la Convention sur l'avenir de l'Europe, échec d'un accord sur le Projet de traité constitutionnel.

Élargissement de l'UE, 1er mai 2004

Entrée dans l'UE de 10 nouveaux États membres : Chypre (partie grecque), République tchèque, Estonie, Hongrie, Lettonie, Lituanie, Malte, Pologne, Slovaquie, Slovénie. C'est le plus grand élargissement de toute l'histoire de la construction européenne.

Conseil européen de Bruxelles, 17-18 juin 2004

Approbation de la Constitution européenne (« Texte instituant une Constitution pour l'Europe ») modifiant les institutions européennes.

Rome, 29 octobre 2004

Signature par les chefs d'État et de gouvernement des États membres de l'UE de la Constitution européenne. La ratification du « Traité constitutionnel » doit intervenir dans les deux ans au plus tard.

Conseil européen de Bruxelles, 16-17 décembre 2004

L'Europe des 25 retient la date du 3 octobre 2005 pour l'ouverture des négociations d'adhésion à l'UE avec la Turquie.

Bibliographie

Antoine Bailly, Armand Fremont (dir.), *L'Europe et ses États. Une géographie*, La Documentation française, 2000, 208 p.

Sandrine Brissot, *L'Union européenne dans le XXIe siècle*, Paris, Foucher, 2001, 127 p.

Yves Doutriaux, Christian Lequesne, *Les Institutions de l'Union européenne*, La Documentation française, 2001, 179 p.

Roger Favry, *L'Europe en devenir*, Mouans-Sartoux, PEMF, collection « BT2 » n° 42, décembre 2001.

Christian Hen, Jacques Leonard, *L'Union européenne*, Paris, La Découverte, 2000, 121 p.

Maxime Lefebvre, *Le Jeu du droit et de la puissance. Précis de relations internationales*, Paris, PUF, 2000, 542 p.

Maxime Lefebvre, « La Constitution européenne : bilan d'un accouchement (2002-2004) », *Policy Paper 8*, Paris, Institut français des relations internationales (Ifri), septembre 2004.

Philippe Manin, *Les Communautés européennes. L'Union européenne*, Paris, Pedone, 1999, 471 p.

Philippe Moreau Defarges, *La « Constitution » européenne en question*, Paris, éditions d'Organisation, 2004, 151 p.

Christine Ockrent, *L'Europe racontée à mon fils. De Jules César à l'euro*, Paris, Robert Laffont, 1999, 167 p.

Harald Renout, *Institutions européennes*, Orléans, éditions Paradigme, 2003 (6e édition), 364 p.

Stéphane Rials, Denis Alland, *Constitution de l'Union européenne* (texte intégral), Paris, PUF, 2003, 128 p.

Jean-Claude Zarka, *L'Essentiel des institutions de l'Union européenne*, Paris, Gualino, 2004 (7e édition), 164 p.

L'Europe en perspective, « Les Cahiers français », La Documentation française, n° 298, septembre-octobre 2000.

L'Union européenne, La Documentation française, 1999.

Institut de la gestion publique et du développement économique (IGPDE), *Préparation au concours d'entrée à l'École nationale d'Administration*, 2004.

Sites internet

Sources d'Europe :

(Centre d'information sur l'Europe),http://www.info-europe.fr

http://www.service-public.fr

http://european-convention.eu.int

http://robert-schuman.org

http://www.europe. gouv.fr

http://www.diplomatie.gouv.fr

http://ladocumentationfrancaise.fr

http://www.ifri.org

http://www.sgci.gouv.fr

http://www.constitution-europeenne.fr

http://www.paris-europe.com

http://www.ose.be

http://www.confrontations.org

Index

A

B

C

Q

Aubin Imprimeur - *Ligugé, Poitiers* D.L. février 2005 / Impr. : P 68048
Imprimé en France